妙手生花
涤生传

甄橙 胡俊 张齐 ◎ 著

中国科学家学术成长资料采集工程
中国工程院院士传记丛书

1916年	1935年	1946年	1950年	1977年	1996年	2000年
出生于吉林长春	考入南京国立中央大学医学院	进入宾夕法尼亚大学学习整形外科	参加上海抗美援朝医疗手术队奔赴前线	担任上海第九人民医院院长	当选中国工程院院士	获何梁何利科学与技术进步奖

老科学家学术成长资料采集工程
中国工程院院士传记 丛书

妙手生花

张涤生 传

甄橙 胡俊 张齐 ◎ 著

中国科学技术出版社
上海交通大学出版社

图书在版编目（CIP）数据

妙手生花：张涤生传／甄橙，胡俊，张齐著．—北京：中国科学技术出版社，2015.1

（老科学家学术成长资料采集工程　中国工程院院士传记丛书）

ISBN 978-7-5046-6722-9

Ⅰ．①妙… Ⅱ．①甄… ②胡… ③张… Ⅲ．①张涤生－传记 Ⅳ．① K826.2

中国版本图书馆 CIP 数据核字（2014）第 233530 号

出 版 人	苏 青　韩建民
责任编辑	韩 颖
责任校对	王勤杰
责任印制	张建农
版式设计	中文天地

出　　版	中国科学技术出版社　上海交通大学出版社
发　　行	科学普及出版社发行部
地　　址	北京市海淀区中关村南大街16号
邮　　编	100081
发行电话	010-62173865
传　　真	010-62179148
网　　址	http://www.cspbooks.com.cn

开　　本	787mm×1092mm　1/16
字　　数	190千字
印　　张	13
彩　　插	2
版　　次	2015年1月第1版
印　　次	2015年1月第1次印刷
印　　刷	北京华联印刷有限公司
书　　号	ISBN 978-7-5046-6722-9 / K·158
定　　价	40.00元

（凡购买本社图书，如有缺页、倒页、脱页者，本社发行部负责调换）

老科学家学术成长资料采集工程领导小组专家委员会

主　任：杜祥琬

委　员：（以姓氏拼音为序）

巴德年　陈佳洱　胡启恒　李振声
王礼恒　王春法　张　勤

老科学家学术成长资料采集工程丛书组织机构

特邀顾问（以姓氏拼音为序）

樊洪业　方　新　齐　让　谢克昌

编委会

主　编：王春法　张　藜

编　委：（以姓氏拼音为序）

艾素珍　董庆九　胡化凯　黄竞跃　韩建民
廖育群　吕瑞花　刘晓勘　林兆谦　秦德继
任福君　苏　青　王扬宗　夏　强　杨建荣
张柏春　张大庆　张　剑　张九辰　周德进

编委会办公室

主　任：许向阳　张利洁

副主任：许　慧　刘佩英

成　员：（以姓氏拼音为序）

崔宇红　董亚峥　冯　勤　何素兴　韩　颖
李　梅　罗兴波　刘　洋　刘如溪　沈林苣
王晓琴　王传超　徐　捷　肖　潇　言　挺
余　君　张海新　张佳静

老科学家学术成长资料采集工程简介

老科学家学术成长资料采集工程（以下简称"采集工程"）是根据国务院领导同志的指示精神，由国家科教领导小组于2010年正式启动，中国科协牵头，联合中组部、教育部、科技部、工信部、财政部、文化部、国资委、解放军总政治部、中国科学院、中国工程院、国家自然科学基金委员会等11部委共同实施的一项抢救性工程，旨在通过实物采集、口述访谈、录音录像等方法，把反映老科学家学术成长历程的关键事件、重要节点、师承关系等各方面的资料保存下来，为深入研究科技人才成长规律，宣传优秀科技人物提供第一手资料和原始素材。按照国务院批准的《老科学家学术成长资料采集工程实施方案》，采集工程一期拟完成300位老科学家学术成长资料的采集工作。

采集工程是一项开创性工作。为确保采集工作规范科学，启动之初即成立了由中国科协主要领导任组长、12个部委分管领导任成员的领导小组，负责采集工程的宏观指导和重要政策措施制定，同时成立领导小组专家委员会负责采集原则确定、采集名单审定和学术咨询，委托中国科学技术史学会承担具体组织和业务指导工作，建立专门的馆藏基地确保采集资料的永久性收藏和提供使用，并研究制定了《采集工作流程》、《采集工作规范》等一系列基础文件，作为采集人员的工作指南。截止2014年底，已启动304位老科学家的学术成长资料采集工作，获得手稿、书信等实物原件资料52093件，数字化资料137471件，视频资料183878分钟，音频资料224825分钟，具有重要的史料价值。

采集工程的成果目前主要有三种体现形式，一是建设一套系统的"老科学家学术成长资料数据库"（本丛书简称"采集工程数据库"），提供学术研究和弘扬科学精神、宣传科学家之用；二是编辑制作科学家专题资料片系列，以视频形式播出；三是研究撰写客观反映老科学家学术成长经历的研究报告，以学术传记的形式，与中国科学院、中国工程院联合出版。随着采集工程的不断拓展和深入，将有更多形式的采集成果问世，为社会公众了解老科学家的感人事迹，探索科技人才成长规律，研究中国科技事业的发展历程提供客观翔实的史料支撑。

总序一

中国科学技术协会主席 韩启德

  老科学家是共和国建设的重要参与者，也是新中国科技发展历史的亲历者和见证者，他们的学术成长历程生动反映了近现代中国科技事业与科技教育的进展，本身就是新中国科技发展历史的重要组成部分。针对近年来老科学家相继辞世、学术成长资料大量散失的突出问题，中国科协于2009年向国务院提出抢救老科学家学术成长资料的建议，受到国务院领导同志的高度重视和充分肯定，并明确责成中国科协牵头，联合相关部门共同组织实施。根据国务院批复的《老科学家学术成长资料采集工程实施方案》，中国科协联合中组部、教育部、科技部、工业和信息化部、财政部、文化部、国资委、解放军总政治部、中国科学院、中国工程院、国家自然科学基金委员会等11部委共同组成领导小组，从2010年开始组织实施老科学家学术成长资料采集工程。

  老科学家学术成长资料采集是一项系统工程，通过文献与口述资料的搜集和整理、录音录像、实物采集等形式，把反映老科学家求学历程、师承关系、科研活动、学术成就等学术成长中关键节点和重要事件的口述资料、实物资料和音像资料完整系统地保存下来，对于充实新中国科技发展的历史文献，理清我国科技界学术传承脉络，探索我国科技发展规律和科技人才成长规律，弘扬我国科技工作者求真务实、无私奉献的精神，在全社会营造爱科学、学科学、用科学的良好氛围，是一件很有意义的事情。采集工程把重点放在年龄在80岁以上、学术成长经历丰富的两院院士，以及虽然不是两院院士、但在我国科技事业发展中作出突出贡献的老科技工作者，充分体现了党和国家对老科学家的关心和爱护。

自2010年启动实施以来，采集工程以对历史负责、对国家负责、对科技事业负责的精神，开展了一系列工作，获得大量反映老科学家学术成长历程的文字资料、实物资料和音视频资料，其中有一些资料具有很高的史料价值和学术价值，弥足珍贵。

以传记丛书的形式把采集工程的成果展现给社会公众，是采集工程的目标之一，也是社会各界的共同期待。在我看来，这些传记丛书大都是在充分挖掘档案和书信等各种文献资料、与口述访谈相互印证校核、严密考证的基础之上形成的，内中还有许多很有价值的照片、手稿影印件等珍贵图片，基本做到了图文并茂，语言生动，既体现了历史的鲜活，又立体化地刻画了人物，较好地实现了真实性、专业性、可读性的有机统一。通过这套传记丛书，学者能够获得更加丰富扎实的文献依据，公众能够更加系统深入地了解老一辈科学家的成就、贡献、经历和品格，青少年可以更真实地了解科学家、了解科技活动，进而充分激发对科学家职业的浓厚兴趣。

借此机会，向所有接受采集的老科学家及其亲属朋友，向参与采集工程的工作人员和单位，表示衷心感谢。真诚希望这套丛书能够得到学术界的认可和读者的喜爱，希望采集工程能够得到更广泛的关注和支持。我期待并相信，随着时间的流逝，采集工程的成果将以更加丰富多样的形式呈现给社会公众，采集工程的意义也将越来越彰显于天下。

是为序。

总序二

中国科学院院长　白春礼

由国家科教领导小组直接启动，中国科学技术协会和中国科学院等12个部门和单位共同组织实施的老科学家学术成长资料采集工程，是国务院交办的一项重要任务，也是中国科技界的一件大事。值此采集工程传记丛书出版之际，我向采集工程的顺利实施表示热烈祝贺，向参与采集工程的老科学家和工作人员表示衷心感谢！

按照国务院批准实施的《老科学家学术成长资料采集工程实施方案》，开展这一工作的主要目的就是要通过录音录像、实物采集等多种方式，把反映老科学家学术成长历史的重要资料保存下来，丰富新中国科技发展的历史资料，推动形成新中国的学术传统，激发科技工作者的创新热情和创造活力，在全社会营造爱科学、学科学、用科学的良好氛围。通过实施采集工程，系统搜集、整理反映这些老科学家学术成长历程的关键事件、重要节点、学术传承关系等的各类文献、实物和音视频资料，并结合不同时期的社会发展和国际相关学科领域的发展背景加以梳理和研究，不仅有利于深入了解新中国科学发展的进程特别是老科学家所在学科的发展脉络，而且有利于发现老科学家成长成才中的关键人物、关键事件、关键因素，探索和把握高层次人才培养规律和创新人才成长规律，更有利于理清我国科技界学术传承脉络，深入了解我国科学传统的形成过程，在全社会范围内宣传弘扬老科学家的科学思想、卓越贡献和高尚品质，推动社会主义科学文化和创新文化建设。从这个意义上说，采集工程不仅是一项文化工程，更是一项严肃认真的学术建设工作。

中国科学院是科技事业的国家队，也是凝聚和团结广大院士的大家庭。早在1955年，中国科学院选举产生了第一批学部委员，1993年国务院决定中国科学院学部委员改称中国科学院院士。半个多世纪以来，从学部委员到院士，经历了一个艰难的制度化进程，在我国科学事业发展史上书写了浓墨重彩的一笔。在目前已接受采集的老科学家中，有很大一部分即是上个世纪80、90年代当选的中国科学院学部委员、院士，其中既有学科领域的奠基人和开拓者，也有作出过重大科学成就的著名科学家，更有毕生在专门学科领域默默耕耘的一流学者。作为声誉卓著的学术带头人，他们以发展科技、服务国家、造福人民为己任，求真务实、开拓创新，为我国经济建设、社会发展、科技进步和国家安全作出了重要贡献；作为杰出的科学教育家，他们着力培养、大力提携青年人才，在弘扬科学精神、倡树科学理念方面书写了可歌可泣的光辉篇章。他们的学术成就和成长经历既是新中国科技发展的一个缩影，也是国家和社会的宝贵财富。通过采集工程为老科学家树碑立传，不仅对老科学家们的成就和贡献是一份肯定和安慰，也使我们多年的夙愿得偿！

鲁迅说过，"跨过那站着的前人"。过去的辉煌历史是老一辈科学家铸就的，新的历史篇章需要我们来谱写。衷心希望广大科技工作者能够通过"采集工程"的这套老科学家传记丛书和院士丛书等类似著作，深入具体地了解和学习老一辈科学家学术成长历程中的感人事迹和优秀品质；继承和弘扬老一辈科学家求真务实、勇于创新的科学精神，不畏艰险、勇攀高峰的探索精神，团结协作、淡泊名利的团队精神，报效祖国、服务社会的奉献精神，在推动科技发展和创新型国家建设的广阔道路上取得更辉煌的成绩。

总序三

中国工程院院长　周　济

由中国科协联合相关部门共同组织实施的老科学家学术成长资料采集工程，是一项经国务院批准开展的弘扬老一辈科技专家崇高精神、加强科学道德建设的重要工作，也是我国科技界的共同责任。中国工程院作为采集工程领导小组的成员单位，能够直接参与此项工作，深感责任重大、意义非凡。

在新的历史时期，科学技术作为第一生产力，已经日益成为经济社会发展的主要驱动力。科技工作者作为先进生产力的开拓者和先进文化的传播者，在推动科学技术进步和科技事业发展方面发挥着关键的决定的作用。

新中国成立以来，特别是改革开放30多年来，我们国家的工程科技取得了伟大的历史性成就，为祖国的现代化事业作出了巨大的历史性贡献。两弹一星、三峡工程、高速铁路、载人航天、杂交水稻、载人深潜、超级计算机……一项项重大工程为社会主义事业的蓬勃发展和祖国富强书写了浓墨重彩的篇章。

这些伟大的重大工程成就，凝聚和倾注了以钱学森、朱光亚、周光召、侯祥麟、袁隆平等为代表的一代又一代科技专家们的心血和智慧。他们克服重重困难，攻克无数技术难关，潜心开展科技研究，致力推动创新发展，为实现我国工程科技水平大幅提升和国家综合实力显著增强作出了杰出贡献。他们热爱祖国，忠于人民，自觉把个人事业融入到国家建设大局之中，为实现国家富强而不断奋斗；他们求真务实，勇于创新，用科技为中华民族的伟大复兴铸就了辉煌；他们治学严谨，鞠躬尽瘁，具有崇高的科学精神和科学道德，是我们后代学习的楷模。科学家们的一生是一本珍贵的教科书，他们坚定的理想信念和淡泊名利的崇高品格是中华民族自强不息精神的宝贵财富，永远值得后人铭记和敬仰。

通过实施采集工程，把反映老科学家学术成长经历的重要文字资料、实物资料和音像资料保存下来，把他们卓越的技术成就和可贵的精神品质记录下来，并编辑出版他们的学术传记，对于进一步宣传他们为我国科技发展和民族进步作出的不朽功勋，引导青年科技工作者学习继承他们的可贵精神和优秀品质，不断攀登世界科技高峰，推动在全社会弘扬科学精神，营造爱科学、讲科学、学科学、用科学的良好氛围，无疑有着十分重要的意义。

中国工程院是我国工程科技界的最高荣誉性、咨询性学术机构，集中了一大批成就卓著、德高望重的老科技专家。以各种形式把他们的学术成长经历留存下来，为后人提供启迪，为社会提供借鉴，为共和国的科技发展留下一份珍贵资料。这是我们的愿望和责任，也是科技界和全社会的共同期待。

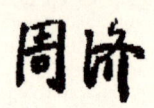

周济

2010年12月，张涤生在家中接受访谈（胡俊摄）

2010年12月17日，采集小组在张涤生家中采访（胡俊摄）

2010年12月17日，胡俊采访张涤生

2010年10月，采集小组主要成员与张涤生合影

序

  我生于长春,长在无锡。我的父亲见过几分世面,非常重视子女教育,对我这个老大尤其寄予厚望。在他的主张下,我先是上了两年旧式私塾,后来改上小学接受新式教育。我也没有辜负他的苦心,初中时考入无锡县立初级中学,高中时考入私立无锡中学,均是当地名校。

  我有幸遇上了几位良师。小学的美术老师虞哲光知识渊博,绘画、手工制作、石刻等样样都教,很具启发性,培养了我对美术的兴趣。即使到了80多岁,我还经常在甲鱼壳背上画京剧脸谱哩!初中时的班主任严济宽讲课循循善诱,还要求我们多看课外书,扩大知识面,推荐了大量的古典文学和进步读物。我在潜移默化中受熏陶,一度还萌生了"文学梦"。高中时的英语教师徐承谋非常和蔼可亲,对学生认真、负责,除了在课上教授英语文法外,还向学生介绍西方古典名著,如莎士比亚的戏剧《威尼斯商人》、林肯的 The Gettysburg Address 等。后来,我编撰了不少医学专著,发表了百余篇论文以及多篇科普文章或其他各类文字,这都要感谢当时老师们打下的中、英文功底。

  不过,动乱的时代容不下一张安静的书桌。初中三年级时,日军侵占我国东北三省,我也随着大哥哥、大姐姐们上街游行,高呼"打倒日本帝国主义"、"还我东北三省"的口号。此后,我开始阅读邹韬奋主编的《生活周刊》，萌发了最初的爱国主义认识和政治倾向。尤记得高中毕业时，聂耳、田汉作曲作词的《毕业歌》刚刚问世，我们全班同学高唱"同学们，大家起来，担负起天下的兴亡……"。这歌声嘹亮壮阔，令人热血沸腾，是我受到的最早、最深刻的一次爱国主义教育。我考入南京国立中央大学后不久，"一二·九"运动爆发。我在南京学联的领导下，彻夜静坐在国民政府门口的广场上，抗议国民政府的不抵抗主义与投降政策。此后我对国内情势有了进一步认识，成了"南京学联"的积极分子。1936年夏，我在地下党的领导下参与组织了"无锡旅外学生暑期服务团"，向广大农民宣传抗日救国的思想。

我学医有些阴差阳错。本来想考上海交通大学的工学院，却被中大口腔系录取了。一开始我心不甘、情不愿，不久却改变了看法。1937年，日军发动了"七七"卢沟桥事变，因我学过"战时救护"，被无锡学生抗日救亡后援团任命为救护队的队长，教大家如何包扎伤口、换药，在"八一三"淞沪抗战期间，组织护理淞沪战线转移下来的伤病员。我逐渐觉得这个专业还是大有用处的。

真正喜欢上外科，是从中大毕业、来到贵阳市图云关，参加"中国红十字会救护总队"以后的事情。虽然那里地处偏僻，生活艰苦，却有许多可遇而不可求的名师和学习、实践机会。我在总队部分属的第18分队的后方医院工作，得到了张先林教授的指导。他曾任协和医院的外科主任，在美国留学期间，曾随当时美国整形外科前辈之一的韦伯斯特（Jerome Webster）教授学习整形外科。我主动请缨做他的助手，从而奠定了我普外科和整形外科的基础。我还从李泰均教授那里学会了重睑成形术，为好几个护士美了容。

1944年，我接受老友薛庆煜的邀请，去缅甸前线为印度远征军服务。报到后不久，师部美军联络官里德（Leed）中校发现我的外科基础和技术比普通军医高得多，还能讲英语，便向上级汇报了情况，推荐我到美军43流动手术队从事急救。前线的伤员很多，有的头颅裂开，有的缺胳膊少腿。我以往从未经历过这种场面，不免心惊肉跳。有一幕场景我至今难忘，某次送来一个胸腔被炸开一个大孔、左肺塌陷、可看得到心脏跳动的不到20岁的四川籍伤兵，他一直就喃喃地问我："医官，我还会治得好吗？"也有从鬼门关逃出来的经历。一次在八莫前线，我们正在旷野帐篷中进行手术，只听得"嘘……嘘……"两声，并不以为然，继续手术。后来才知道是两颗炮弹，已经隔着帐篷一下子钻到地里了。碰巧炮弹没有爆炸，否则恐怕非死即伤。逃过这一劫后，我对于生与死的体验就更加深刻了。

这段经历奠定了我创伤外科的技术基础，也在战火中磨炼了我的意志、性格，形成了在紧急时刻处理果断的风格，是一次难得的锻炼机会，也为我带来了新的机遇。日本投降后，为了表彰参军的正式医师（主要是图云关的工作人员）以及协和医院的教授们，国民政府决定选派人员去美国深造。我很幸运，获得了美国医药助华会（简称ABMAC）的奖学金资助，被选送到费城宾夕法尼亚大学医学进修学院，在著名的艾伟教授（Robert H.Ivy）的指导下学习整形外科。

进修期间，我选读了好几门课程，并参与医院的查房和手术工作，不久因手术熟练而获得好评，并得到艾伟教授的赏识。他破例让我当第一助手，有时还索性把手术的扫尾工作都交给我，这使得其他中国进修医生非常惊羡。做艾伟教授的助手并不紧张，这可能有两个原因，一个是我那时已经有了较娴熟的外科手术经验，第二是艾伟教授性格比较温和。艾伟教授很关心我的学习，为我介绍了另一位来自德国的整形外科医师梅（Hans May）。艾伟教授的重点是在头面部，而梅医师的手术范围遍及全身，包括生殖器等部位在内。他做手术时，决策果断，手部动作准确利索，较艾伟教授速度要快得多，立竿见影，效果很好。我还联系到在图云关的同事和老师、从北京协和医学院毕业的汪凯熙医师，并经他介绍认识了美国纽约哥伦比亚大学的韦伯斯特（J. Webster）教授。我曾在纽约看他做手术，收获很大。

在这里，如果你不懂就要随时发问，老师会很详细地回答你，从不嫌麻烦；如果你讷讷不言就会一无所获。我经历过战火磨炼，所以比较大胆，敢于发问，同时也更好地锻炼了英语口语和听力。曾有位美国麻醉医师问我："张医生，我问你一个问题，当你讲英语时，你是否先想好如何讲中文，然后在脑子里把它翻成英语才讲出来的？"这个问题问得很怪，因为真要是如此讲英语，速度就太慢了。说实在的，我用英语是脱口而出，没有翻译过程。我想大概是因为一旦讲英语习惯了，就会在大脑语言区中建立并加强反射机制吧。

我认为自己应称得上一个勤奋好学、涉猎全面、不敢懈怠的好学生。我每天按时上班、听课，从不缺席。上手术台做助手时，我会细致观察老师的一举一动，记在心头。我还经常学习手术前麻醉师的术前工作，特别是麻醉技术，有些病人需要使用鼻道盲插法，我就琢磨每个步骤，铭记要领，看得多了，便心领神会。那位麻醉科医师看我学习这么认真，也被感动了，后来索性手把手教我替他将管子从鼻子中插入病人气管内，因此我对这门技术相当娴熟。回国后，我在上海同济大学附属中美医院工作期间，有位女麻醉师还不知如何进行气管内盲插术，我就主动帮忙，受惠的不但是我的病人，还包括不少普外科病人。每天晚上，我总是先复习笔记，再把当天的手术记录、上课心得等写在笔记簿上，有文字也有图画，从不缺漏（这本日记迄今留存在我的藏书堆中），然后再有计划地读书或复习、做摘记等，直至深夜。有空暇时间，我就去大学图书馆阅读有关参考书和新文献，带上笔记本记下摘要。

我从美国学到的知识在抗美援朝战争中都派上了用场。1951年12月，上海组织手术医疗队奔赴战场，我担任副大队长和整形外科组组长。我发现前线伤员分散在东北三省各地军医院，没有专科、专病治疗。为了使散居在东北各地后方医院的大量受烧伤或冻伤头、面、手、足部等伤残伤员能集中治疗，我反复争取在长春建立了一个战时"冻、烧伤治疗中心"，设有60张病床，这是新中国第一个整形外科治疗中心。战后，我因此荣获了抗美援朝后勤卫生部颁发的三等军功奖励。

"大跃进"期间，我参与抢救邱财康。这位患者是上海钢铁三厂的工人，全身严重烧伤，烧伤总面积达92%，三度烧伤面积22%，最终能够救活，算得上当时烧伤医学的一项奇迹。这个事件经报道后，数以千计的烧伤病人（包括烧伤后期瘢痕挛缩的病人）从全国各地拥到上海，要求接受修复重建治疗。在上级领导的高度重视和支持下，我们抓住机遇扩大病床、增添人员。1961年，我在瑞金医院正式建立整形外科专科，这是新中国第四个整形外科，后来在1966年，应院系调整需要被迁调到上海第九人民医院。

我有时会感叹命运的多舛。正当我准备大展身手之际，爆发了"文化大革命"。我们刚刚开始的显微试验被仓促中止。正如种子在严冬默默积蓄力量，一到春天就会生发一样，等到政策有所松动，我和我的团队就应用显微技术成功完成了肠段移植再造食道、大网膜移植修复颅骨慢性溃疡、一期阴茎再造等手术。

改革开放以后，我深感"机不可失、失不再来"，抓紧时间进行对外交流。1979年，我去印度孟买参加了一个亚洲手术外科学术交流会议，将闭关30年来九院整形外科的工作成就和科研成果介绍给国际同道，取得了他们的认可和敬佩。自此，我开始了世界之旅。1979—1999年我的足迹遍及世界各地，交流学术、建立合作关系，鼓励青年医师走出去见世面，也欢迎外国专家走进来，加深相互了解。通过讲学、示范、参观、进修和举办国际会议的方式，大家都获益匪浅。

1980年，九院建起了新的整复外科大楼，床位共170张，并成立了"上海市整形外科研究所"。九院整形外科一直重视人才梯队的建设，目前拥有一个百余人的团队，分为烧伤整形、颅颌面外科、显微外科、淋巴水肿、美容外科五大亚专业组，分科之细、规模之大、业务之精，在国内都首屈一指，也赢得了广泛的国际声誉。这是九院各位才俊共同努力的成果，我也"与有荣焉"。

我感到自豪的是，到了耄耋之年还能发挥余热。1996年，我无意中从报纸上看到一封求救信，一名九岁女孩因心脏外露四处求医，均遭拒绝。根据报纸提供的信息，我初步诊断为"先天性胸骨缺损所致的心脏移位症"，尽管这属于小儿外科业务范畴，但再造胸壁却是整形外科的任务。因此，我主动写信到报社，将病孩召到九院检查，经仔细讨论后确定了手术方案，成功施行了中国第一例胸壁修复手术。2002年我又接诊了一名严重烧伤病人，全身烧伤达89%、三度烧伤达18%，双侧上、下眼睑全层缺失，眼球暴露，由于早期处理不当，左眼失明，右眼分泌物侵溃，仅余光感。患者迫切要求恢复视力，但辗转各地都被拒绝，几乎绝望到要自杀的地步。虽然以往没有类似经验，我还是决定尽力一试。经过认真准备，我制订了周密的分期治疗方案，并亲自主刀。治疗很成功，迄今已12年，患者的视力一直维持在0.3—0.4，现在过着小企业主的滋润生活，据说是发财了。

在我的从医生涯中，我很少对找我的病人说"不"、"没办法"。我认为，作为一名医生，不但要掌握医学知识和技能，更重要的是要把病人的利益放在首位，不计个人得失。病人病情千变万化，各有不同，疑难杂症又是那么千奇百怪，但这才是考验医生技术和医德水平的试金石。要做值得信赖的医生，就要勇于探索、敢担风险。跳一跳可以摘下果子，但有时虽然跳了却够不着，就得再想方设法，取一块砖石来垫脚，或请人托一把。以我的体验，这样摘到手的果实分外甘甜！

张涤生

目 录

老科学家学术成长资料采集工程简介

总序一 ················ 韩启德

总序二 ················ 白春礼

总序三 ················ 周 济

序 ················ 张涤生

导 言 ················ 1

| 第一章 | 成长经历 ················ 5

    懵懂的童年 ················ 5

    难忘的中学时期 ················ 10

    大学时代 ················ 14

| 第二章 | 战地救护 | 22 |

  战争与整形外科 ………………………………………… 22

  铁马医风图云关 ………………………………………… 25

  印缅战场功勋显 ………………………………………… 30

  骨鲠在喉夺人命 ………………………………………… 34

| 第三章 | 结缘名师 | 36 |

  巧遇张先林 ……………………………………………… 36

  赴美求学　师从艾伟 …………………………………… 39

  上海整形外科学习班 …………………………………… 43

  韦伯斯特和学习班的影响 ……………………………… 47

| 第四章 | 创业维艰奠基础 | 49 |

  抗美援朝业绩彰 ………………………………………… 49

  抢救邱财康 ……………………………………………… 53

  中西医结合显奇效 ……………………………………… 63

  显微外科技术的先驱 …………………………………… 73

| 第五章 | 开拓创新 | 79 |

  挑战颅面外科 …………………………………………… 80

  组织工程学的推动者 …………………………………… 84

  规范美容外科行业的发展 ……………………………… 90

  妙手仁心　行医济世 …………………………………… 95

  医学外交家 ……………………………………………… 102

第六章 搭建专业队伍 ················ 116
  教书育人 ······················ 116
  上海九院五十年 ················ 124

结　语　大爱无边　卓越成就 ············ 129

附录一　张涤生年表 ················ 137

附录二　张涤生主要论著目录 ············ 159

附录三　张涤生遗体捐赠志愿书 ·········· 170

参考文献 ························ 172

后　记 ·························· 176

图片目录

图 1-1	张涤生的父亲张晓初	6
图 1-2	张涤生与他的两兄弟	7
图 1-3	张涤生一家租住的类似旧宅	10
图 1-4	张涤生的大学学籍表	15
图 1-5	1937年无锡成立的抗日救护队集合于惠山祠堂时的合影	16
图 1-6	张涤生在中央大学的成绩表	17
图 1-7	1937年成都华西坝协和大学钟楼	18
图 1-8	成都地下党与国际学联代表团合影	19
图 1-9	1941年张涤生大学毕业照	20
图 2-1	云贵高原通向图云关的盘山公路	25
图 2-2	1941年张涤生抵达贵阳图云关	26
图 2-3	缅北战役地形图	31
图 3-1	1946年赴美留学前与大弟张养生在无锡老屋前合影	39
图 3-2	思想者	40
图 3-3	1947年张涤生拍摄的美国纽约时代广场	42
图 3-4	张涤生家中保存的两位美国导师艾伟和韦伯斯特的照片	43
图 3-5	1948年张涤生在美国宾夕法尼亚大学	44
图 3-6	1948年张涤生参加上海整形外科学习班的试卷	46
图 4-1	1948年9月张涤生在上海同济大学医学院附属中美医院（现同济医院）留影	50
图 4-2	1958年史济湘、戴自英、董方中、张涤生、邝安堃、张世泽认真查阅资料以抢救邱财康	56
图 4-3	1964年受卫生部嘉奖的参加抢救邱财康的医护人员合影	58

图 4-4　1959 年在陕西安康县医院抢救严重烧伤病人后留影 ············ 62

图 4-5　1979 年，意大利热那亚大学淋巴医学专家 U Fox 教授仿照上海九院整复外科的发明创制的微波烘疗机 ············ 67

图 4-6　"慢性淋巴水肿模型制作、淋巴管静脉压力测定及静脉移植桥接淋巴管的实验研究"获奖证书 ············ 67

图 4-7　张涤生主编的《实用淋巴医学》············ 69

图 4-8　2010 年 10 月 16 日，张涤生获中华显微外科学分会颁发的中国显微外科终身成就奖 ············ 77

图 5-1　1983 年张涤生与患者及美国教授在上海九院整复外科大楼前合影 ············ 83

图 5-2　张涤生与弟子曹谊林合影 ············ 85

图 5-3　张涤生为殷兆华治疗后，在上海九院手术室外与年轻医生合影 ············ 96

图 5-4　1996 年张涤生夫妇在上海九院庆祝其当选中国工程院院士的庆祝会上合影 ············ 101

图 5-5　1997 年吴青术后一年来上海九院，张涤生为其复查 ············ 101

图 5-6　1981 年 11 月张涤生收到的新加坡医学科学院致谢奖牌 ············ 104

图 5-7　1982 年在澳大利亚悉尼参加国际显微外科会议上致辞 ············ 105

图 5-8　1981 年在澳洲与瑞典淋巴学研究者合影 ············ 105

图 5-9　1982 年赴英国参加显微外科国际会议 ············ 106

图 5-10　1982 年在伦敦参加显微外科国际会议期间到英国教授家做客 ············ 107

图 5-11　1982 年 5 月赴法国参加国际会议后收到 Naurcy 市长赠送的礼物 ············ 108

图 5-12　1985 年代表上海九院签订中澳颅面外科合作交流协议 ············ 111

图 5-13　1985 年代表上海九院签订中澳颅面外科合作交流协议后与专家合影 ············ 112

图 5-14　1985 年赴日本长崎签订上海第二医学院与长崎大学合作协议 ············ 113

图 5-15　1986 年访问法国波尔多大学时与医务人员合影 ············ 113

图 6-1　1991 年上海九院整复外科建科 30 周年之际张涤生与学生及全科工作人员合影 ············ 117

图 6-2　2010 年 12 月范先群接受采集小组采访 ············ 118

图 6-3	2010年12月张涤生与李青峰讨论问题	120
图 6-4	2010年12月李圣利接受采集小组采访	122
图 6-5	1991年张涤生参加上海九院整复外科成立30周年暨从医50周年庆祝会	127
图结-1	1988年"应用显微外科技术一期阴茎再造"项目获得国家科学技术委员会颁发的国家发明三等奖证书	131
图结-2	2003年87岁高龄的张涤生为患者做手术	132

导 言

　　张涤生，我国著名整复外科专家、显微外科专家和颅面外科专家，中国工程院院士。1916年6月12日，出生于吉林长春，祖籍江苏无锡。1941年毕业于国立中央大学医学院，先后任职于中国红十字会救护总队部、国防医学中心、同济医学院附属同济医院、上海广慈医院（今瑞金医院）、上海第二医科大学附属第九人民医院（今上海交通大学第九人民医院）。历任教授、主任、所长、院长，并担任过中国修复重建外科委员会主任委员、中华整形外科学会副主任委员、美国整形外科学会荣誉会员、欧洲整形外科杂志编委、整形与重建外科杂志（美国）特邀主编等职务，多次担任国际学术会议的主席。1996年当选中国工程院院士，同年被选为国际颅面外科学会荣誉会员（全世界仅7人）。现任上海市整复外科研究所名誉所长、上海交通大学医学院终身教授、亚太地区颅面外科学会创始会员、国际显微外科学会会员、国际淋巴外科学会会员、美国整形外科学会通信会员等。

　　张涤生院士在整复外科领域辛勤耕耘近60个春秋，先后获得国家级、卫生部、上海市各级重要科技成果奖20余项。他亲手创建的上海九院整复外科已成为实力雄厚、技术先进、设备完善、成果迭出的中国整复外科中心，在国内外具有很高声誉。张涤生院士不仅是中国整复外科、显微外科的奠基人和开拓者，也是中国颅面外科和淋巴医学的创始人。他将显微外科和整复外科有机地结合，突破了整形外科的传统观念，并结合修复人体形态和恢复功能的双重含义，推出了"整复外科"的新概念，从而使这门学科得到新发展，并且逐渐与国际接轨。20世纪60年代中期，他发明了烘绑疗法和微波疗法，获得良好疗效；他将整复外科与淋巴显微外科相结合，开创了中国淋巴医学之先河。20世纪70年代，当时国际上只有法、美等少数国家能够开展颅面外科手术，张涤生知难而进，在仅有一篇英文文献可供参考的情况下，成功实施了中国第一例眶距增宽症矫正手术，揭开了中国颅面外科的新篇章。20世纪80—90年代，张涤生迎来了人生中医学外交的辉煌阶段，不仅赢得了个人在国际上的学术威望，也使上海第九人民医院（以下简称上海九院）整复外科名扬海外，带动了整个上海九院的发展。

能够承担"张涤生院士学术成长资料采集工程"的任务，印证了"机遇偏爱有准备的头脑"这句话。在2008年北京奥运会之后，为迎接北京大学附属第三医院（简称北医三院）成形外科建科60周年，我所在的工作单位——北京大学医史学研究中心与北医三院成形外科合作，帮助后者撰写北医三院成形外科发展史。在这个过程中，我们查阅了很多中国整形外科的历史资料，走访了很多中国整形外科界的老专家，包括后来成为我们采集对象的张涤生院士。从这些文献资料和被访专家那里，我们了解到很多中国整形外科发展史上鲜为人知的历史细节。又经过近一年时间的资料梳理和编排写作，终于在2009年顺利完成《北医三院成形外科60周年》的撰稿任务，并由北京大学医学出版社正式出版发行。

此书出版后，不仅受到北医三院成形外科医生的一致好评，而且得到了国内同行的赞许。也正是在这个过程中，我们深深地感受到研究中国整形外科史的重要性，于是北京大学医史学研究中心将"中国整形外科史研究"确立为一项重要的科研工作，并继续访谈了一些我国整形外科领域的著名专家。因为与张涤生院士已经有过良好接触，所以2010年我们顺利地接受了"张涤生院士学术成长资料采集工程"的工作任务。

虽然此前我们已经开展了一些基础性工作，但工作重点和工作要求都与"老科学家学术成长资料采集工程"有所差别。为了圆满完成"张涤生院士学术成长资料采集工程"，我们与张涤生院士的秘书、学生、家人、上海九院整复外科的有关人员、上海九院党委取得了联系，并获准开展此项工作。由于得到多方的大力支持，我们的采集工作进展顺利。北京大学医史学研究中心的甄橙教授，硕士研究生胡俊、张骞、刘赫铮，上海九院张涤生院士办公室的曹雅萍老师，上海九院整复外科的穆雄铮教授组成了张涤生院士采集小组的核心成员，后来又邀请北京大学医学部张齐、杨朋、宋多和上海九院整复外科的魏娴老师加入。

因为张涤生院士的工作单位在上海，采集小组主要成员的工作单位在北京，异地采访成为我们采集工作的最大困难之一。又由于采集小组中的每一位成员都有自己的本职工作，因此在时间安排上常常困难重重。为了能够出色地完成"张涤生院士学术成长资料采集工程"的任务，采集小组每一位成员都积极克服困难，一切以采集工作为中心，北京—上海两地采集小组成员之间经常沟通，反复协商，合理地安排每次采访的时间地点和内容，认真做好采访前的准备工作，使每一次采访都有实质性的收获。曹雅萍秘书积极配合，能够独立收集的资料和完成的工作都由她本人来完成，后来因为身体原因，曹雅萍老师暂时退出采集工作，由魏娴老师接替，但由于北京与上海两地一直保持着良好的沟通与联系，所以我们的采集工作没有受到任何影响。

由于大家齐心协力，张涤生院士采集小组在资料采集方面收获颇丰，尤其是张涤生院士给予的大力支持使采集小组收集到大量的珍贵资料，包括张涤生院士的4本日记、亲笔修改的手稿、使用过的手术器械、平时工作穿的白大褂和珍藏多年的数百张照片。在本次采集工作中，张涤生院士采集小组共完成专家访谈11人次，录音476分钟，访谈录音整理稿6.6万字；录制视频资料503分钟，采集视频资料256分钟；收集传记类文章及著作34件，共871页，其中原件22件，822页；手稿类197件，1497页，其中原件193件，1484页；信件134件，360页，其中原件126件，343页；档案类4件，194页；著作38件，其中原件23件；论文374件；新闻报道148件，269页，其中原件37件，37页；证书55件，全部为原件；纸质照片103件，其中原件102件；其他实物资料45件，1577页，其中原件33件，1569页；电子照片741件；电子档案13件；电子证书92件。

在已有的有关张涤生院士的传记资料中，以2006年由上海交通大学出版社出版的《神在形外：张涤生传》较为完整，该书文笔轻松，可读性较强。

本传记以采集工作所获资料为主要基础，在认真学习《神在形外：张涤生传》等其他旁证或间接资料的基础上，较细致地介绍了张涤生院士的家庭背景、求学历程、师承关系、人才培养、学术成果、医学交流等内容。本传记以编年为序，以时间为纵线，以张涤生院士学术成长的重要时间节点和阶段作为章节划分的标准，按照成长经历、战地救护、结缘名师、创业维艰奠基础、开拓创新、搭建专业队伍六个章节展开叙述，重点阐述了张涤生院士亲自参与的并且对中国整形外科事业具有重大影响的抢救邱财康事件，详细描述了张涤生院士亲自打造上海九院整复外科的创建过程，着重介绍了张涤生院士创新与求索的职业追求，展现了张涤生院士的学术成长经历，张涤生在整形外科领域取得的重大成果、在相关学科领域的学术创造以及作为学科领军人物的重要作用。

正如张涤生院士所说，"只要心中充满爱，就一定能够把事情做好。"我们在资料采集的过程中，深切地感受到张涤生院士对家庭的爱、对工作的爱、对病人的爱、对同事的爱、对朋友的爱、对学生的爱、对晚辈的爱。正是因为心中被爱温暖，所以张涤生院士能够克服工作中的困难、战胜生活中的挫折，勤学苦练，开拓创新，快乐地工作、快乐地学习，快乐地生活。这是张涤生院士一生的真实写照，也是值得后辈学习之处。

第一章
成长经历

懵懂的童年

家庭背景

1916年6月12日,张涤生出生于吉林省长春市二道口,是家中的长子。他的父亲张晓初(1893—1968)崇拜近代风云人物曾国藩(号"涤生"),因此为长子起名为"涤生"。希望儿子张涤生能像这个名垂青史的湖南人一样,做一番大事业,光耀门楣。

张晓初16岁从江苏无锡来到位于长春的大清银行当学徒。中华民国成立,大清银行改称中国银行,张晓初成为银行正式职员,不久回到无锡与张涤生的母亲过学琴结婚,然后又一起回到长春定居。在张涤生幼年的记忆中,父亲张晓初风流倜傥、英俊潇洒、干净整洁,又写得一手好字,是个非常了不起的人。母亲过学琴是无锡八士桥人,是一个传统的家庭妇女,凡事都听丈夫的,自己没什么主意。

张晓初受当时社会风气的影响，把吸鸦片烟当作一种休闲娱乐。后来夫妻二人都染上了烟瘾，难以戒除，给家庭造成了沉重的负担，以至于后来收入不佳时只能靠东挪西借、赊账度日。每年年底，商铺都要结账，伙计们就来到张涤生家要账，这时候张晓初只能出门躲债。伙计们得知张晓初不在家，也就不再步步紧逼，走走过场，就到别家去要账了。张晓初半夜跑回家里，再与妻子吃一顿重新热过的年夜饭。直到商店不再接受赊账，张家的这个特殊的"传统"才算告一段落，全家人得以在除夕夜团圆。

张涤生对此印象深刻，新中国成立之后，他想尽办法帮助父母戒掉鸦片烟，总算解决了这个大麻烦。因此他非常痛恨毒品和毒贩子，敬仰虎门销烟的民族英雄林则徐。有一次，他特意前往虎门的林则徐纪念堂和销烟池参观，以表达对林则徐的崇敬之情。多年以后，当英国毒贩阿克毛被中国政府依法判处死刑之后，英国首相布朗指责中国政府，要求免死。张涤生亲自在报刊上发表文章《布朗先生 别忘了英国老毒贩的历史》，痛斥毒品的危害。

图 1-1 张涤生的父亲张晓初

1917年，张晓初参与投机生意，在一次卢布交易中失手，不仅赔掉了家产，还欠下了很多债务。张涤生一家只得搬回无锡老家，住在中市桥巷。中市桥巷位于无锡城南，是一条僻静的弄堂。张涤生一家加上祖父祖母、三个姑姑、一个叔叔，组成了一个大家庭。

张涤生很受祖父喜爱，经常由祖父带去茶馆玩耍。叔叔张哲初还带他去听苏州评弹，所以张涤生对《三国演义》《说唐》《武松打虎》等曲目非常熟悉。在张涤生的印象中，祖母一直躺在床上，可能是患有中风之类的疾病。在张涤生的幼年，最重大的事件要算是大弟张养生的出生。那天家中多点了几根红蜡烛，显得一派喜庆。家人从紧闭的卧室出来，告诉他有了一个小弟弟。张涤生高兴极了，因为他终于多了一个小伙伴可以一起玩耍。从此以后，张涤生处处表现得像

图 1-2　张涤生（右一）与他的两兄弟

个大哥，加上他的性格又比较内向，非常具备中国传统的长兄形象，从小到大都主动照顾张养生，后来在成都上学时，还把父亲给他的 400 元钱全给了张养生，好让他在华西协和大学附中读高中。

张涤生的父亲对长子的要求比较严格，经常督促、警醒张涤生，向他灌输"忠孝仁义"的传统思想，希望他用功读书，将来做个有出息的人，能有个稳定、体面的工作，养活一家人。在严父的教育和自己的努力下，张涤生日后不仅没有辜负父亲的期望，还大大地超出了想象，给家族带来了无上的荣誉。

小学阶段

1920 年，张涤生五岁那年，父亲将他送到自家巷子口的私塾跟着一位老先生读书。旧中国的许多孩子所受的启蒙教育就是在这种私塾中接受的。正如我们在一些电视节目中所见到的那样，张涤生在私塾里同十几个年龄不等的学童一起，摇头晃脑、似懂非懂地读书。一开始无非是《百家姓》《千字文》一类的旧式启蒙读物，过一段时间，老先生就开始教他们读一些更难的文章，不仅要读熟，还要背诵，背不下来就用戒尺打手心。四书五经对于五岁的张涤生来说未免有些枯燥，但是作为家里的长子，他自小就是个乖孩子，也是个认真学习的好学生，虽然对所背的内容不甚了

解，但他还是每次都能按照私塾先生的要求背熟，而老先生的板子自然一次也没有落到他手上。

这样在私塾里念了两年之后，父亲把他送到无锡城中心的崇安寺小学接受新式教育。当时的新式教育还不十分普及，张涤生能到新式小学上学还是非常幸运的。这段时间，张涤生经常坐着"班船"，经过两个半小时的水路去找外公玩。他最喜欢外公，外公也十分宠爱这个小外孙。外公家住在八土桥镇的复初堂，是一个五六进深的大院子，只有外公外婆住在这里。可以想见这个神秘的乡下院落对一个小孩子来说有多少乐趣，也许张涤生这时经常能体会到鲁迅先生在百草园中的快乐呢。

在崇安寺小学的几年中，张涤生的家庭发生了一些变故。他的祖母祖父先后离世，两个姑姑也出嫁了，原来十个人的大家庭只剩下小叔、小姑和张涤生一家四口。张涤生的父亲一个人挑起了家庭的重担。由于经济状况变差，无力支付中市桥巷的租金，全家搬到了西河头三号一家王姓人家的前楼。但是这件事对张涤生来说可算是"因祸得福"，因为他在这里认识了房东家比他小两岁的王柏森。张涤生兄弟俩经常和王柏森一起玩耍，这份童年的友谊一直留存在张涤生心中，直到晚年他还一直和王柏森保持着联系。

1926年，张涤生的父亲不想继续在无锡商业学校教书，想要提高一下生活水平，于是经老朋友介绍到天津一家私营银行供职，并在安定之后把家人也接到了天津。张涤生同弟弟一起转到法租界的西开小学[①]上学。初来乍到的他们难免受到一些本地孩子的欺负，比如因为他们是从南方来的，有些同学就称他们为"南蛮子"，又因为不会说天津话，就算是努力地模仿当地口音，也还是照样遭到嘲笑。不过张涤生的适应能力很强，一段时间后，他就和同学们逐渐熟悉了。在此期间，张涤生还喜欢看小人书，像《三国演义》《水浒传》《聊斋志异》《封神榜》《红楼梦》等，因此马路边的小书摊就成了他经常光顾的地方。到了六年级，张涤生已不满足于只看连环画，开始阅读原著，而中国文学史上的名著就成了他爱不释手

[①] 西开小学，位于天津市津沽公路44号，前身叫海员子弟小学，始建于日军占领东沽时期。因位于东沽的西边，地区又偏僻，这个地区称为西开，因而得名。

的读物。当然父亲对张涤生的管教还是很严格的，他要求张涤生每天必须练两个小时的毛笔字才能出去玩。如你现在能见到张涤生的题字，就知道当时的功夫没有白费。

这段时间张涤生家住在法租界同德里，环境不错。1861年，天津法租界根据《天津紫竹林法国租界地条款》划定，是四个在华法租界之一。经过两次扩展，到20世纪20年代，法租界东至海河，南沿宝土徒道（现在的营口道）与英租界相邻，西至小埝（现在的新兴路），北沿秋山道（现在的锦州道）和日租界毗邻。在法租界内的杜总领事路（梨栈大街，今和平路）与福煦将军路（今滨江道的大沽北路至南京路段）十字路口陆续建成天津劝业场、天祥商场、泰康商场等商业设施，以及国民、惠中、交通三大旅馆，渤海大楼、浙江兴业银行等众多整齐美观的西式建筑，形成天津最繁盛的商业中心。当时，天津的中外上流社会人士主要聚居在天津英租界今五大道区域，而劝业场一带则成为他们进行消费、娱乐的区域。住在这么繁华的商业区附近，张涤生的父母自然经常带着兄弟俩到处逛逛，开开眼界，吃吃美食。张涤生曾跟着房东的大女儿补习英语。这位大姐姐有时和男朋友一起，骑自行车带着张涤生兄弟俩到处游玩。这段生活自然成了张涤生心目中的一段美好回忆。

可惜，这段美好时光只持续了不到两年。1927年，父亲所在的银行倒闭，接连找了几份工作，可收入都不能令人满意，最终张涤生一家又回到了老家无锡。张涤生也转学到连元街小学[①]，重读五年级。连元街小学的优秀教师给张涤生留下了很深的印象，比如语文老师稽显庭在课堂上不仅讲述写作技巧，还经常讲历史故事；美术老师虞哲光很有名望，学识广博，教同学们唱歌、听音乐、画画。

由于这一时期家庭经济状况持续恶化，张涤生在快乐的学校生活之余也体会到了一些生活的艰难，他经常帮爸爸到典当铺去典当衣服。为了节

[①] 无锡连元街小学是一所名校，前身为竢实学堂，由教育家杨模创办，曾培养出中央大学校长顾毓琇、经济学家孙冶方、企业家陆贯一等知名人士。杨模（1852-1915），字范甫，号蛰庵，无锡人。主张维新，会同开明士绅筹款创办竢实学堂，聘数学家华蘅芳为总教习，教师极一时之选。此为无锡开办新学之始。

图 1-3 张涤生一家租住的类似旧宅（原址已拆除，张钒摄）

省租金支出，张家再次搬家了，从西河头三号搬到胡桥下紧邻大表姐范素琴一家的一间小房子里。1929年，张涤生从连元街小学毕业。

难忘的中学时期

无锡县立初级中学求学

新中国成立前，无锡地区仅有两所公立学校，其中一个就是无锡县立初级中学（今无锡市第一中学）。张涤生在小学毕业后顺利地考入了这所中学。在这里，张涤生遇到了一位对他来说非常重要的良师——严济宽。这位语文老师要求学生们扩大阅读面，并介绍了许多具有进步思想的新文学作品，比如鲁迅的《阿Q正传》《孔乙己》，冰心的《寄小读者》。而在巴金的《家》《春》《秋》刚刚出版之际，严济宽就介绍他们阅读。这些文学家比张涤生大不了几岁，那时张涤生十几岁，他们二十多岁，但他们的文学作品对张涤生影响很深。严济宽甚至还将一些苏联的文学作品，像奥斯特洛夫斯基的《钢铁是怎样炼成的》、屠格涅夫的《前夜》和高尔基的《母亲》等介绍给同学们。同时他还要求同学们精读中国古典文学读物，如《岳阳楼记》《滕王阁序》《出师表》等。在严济宽的教导下，张涤生博览群书，开阔眼界，写作能力和技巧大大提高，这为以后在从医生涯和教育工作中的著书立说打下了坚实的文学基础。与此同时，他也受到了进步思想的影响，开始关心时政国事，这对他以后的人生道路产生了重大影响。1931年，"九一八"事变爆发，正在读初中三年级的张涤生此时已有了爱国主义思想的萌芽，于是他也像许多爱国青年一样，走上街头，高呼"打倒日本帝国主义"、"还我东三省"的口号，第一次以实际行动反抗日本侵略者。

张涤生对母校有很深的感情，在无锡县立初级中学，他不仅学到了知识，同时也受到了进步思想的影响。2011年，无锡县立初级中学迎来了建校百年的庆典。张涤生本已写好一封贺信，计划亲自到场祝贺，但最终因年事已高，身体不适，未能出席。但从他贺信的字里行间中，我们仍可以感受到他对母校深深的爱。

尊敬的领导、老师、同学们：

新年好！今天我怀着无比激动的心情，回到母校来参加她的百年华诞。在此，我首先代表全体校友，向母校致以最崇高的敬意和热烈的祝贺！

我在1929—1932年在一中学习，当时的一中还叫做无锡县立初级中学，刚刚告别职业学校时代，步入普通中学的发展道路。虽说只是一所初级中学，但已是无锡公立学校中的最高学府之一。在这里，我度过了人生最美好和难忘的三年。当时教育我们的老师，特别是一位语文老师、一位音乐老师和一位美术老师，我一直都铭记在心，他们不光教知识，更教我们学会做人。在母校学习的经历，对我的一生有着深远的影响。在校期间，我有幸经历了学校二十周年纪念典礼，当时我还是个十几岁的毛头小子，不想一转眼80年过去，再一次走进母校，已是来参加她的百年华诞庆典，可谓百感交集。我出生于1916年，母校长我五岁，可以说我与母校一同成长，这实是人生一大荣耀！

我们的校友遍布祖国各地，或是在异国他乡，活跃在不同的领域，很少有机会相聚。但是我们心里明白，纵然相隔千山万水，我们却拥有着共同的根，这就是我们的母校，我们的一中！我们心相通，情常牵，时时刻刻都在关注一中的发展。此刻的校园，对我而言陌生而又熟悉，说陌生，是因为昔日的人与物都已不复存在，这里的建筑更是旧貌换新颜。但一中走过百年沉淀下的气质和精神却没有变，看到青年学生洋溢的热情和骄傲，与我们当年一般无二，又倍感亲切和熟悉。你们让我又回到了当年，那段令人难忘的读书岁月。

母校从1911年创办至今，已走过了一百年历程。这些年不断在报纸新闻上了解母校的信息，耳闻目睹她取得的种种成就，心里由衷地为自己是一中人而感到骄傲。

母校已走过一百个春秋，未来的发展任重而道远。我们真诚地相信，母校将会以百年校庆为新的起点，在继承光荣历史和办学传统的同时，不断前行，走向下一个十年、下一个百年！

最后，衷心祝愿母校蒸蒸日上，更上一层楼，为国家、社会培养出更多精英人才！祝愿各位老师同学们新春愉快、万事如意、幸福安康！

在无锡中学读高中

1932年，张涤生从无锡县立初级中学毕业。当时无锡只有两所私立的高级中学——无锡中学和辅仁中学，他考入了前者。无锡中学是无锡第一家要求住校的中学，同时该校具有英语特色的教学传统，很多老师是交通大学的毕业生，对学生英语水平要求很高。在这里，除了中国的历史、地理、语文采用中文教材外，外国历史和地理、外文、数学、物理、化学全部是英文版教材。面对英语教学和英文原版教材，初次离家过寄宿生活的张涤生难免有些不习惯。但是他知难而进，发奋图强，刻苦学习，很快学习成绩便名列前茅。他的英语老师徐燕谋先生讲课深入浅出，严格要求学生，不仅让同学们学语法、写短文，还要背诵短篇世界名著。张涤生的外语基础打得很牢固，至今还能背诵几句莎士比亚的《威尼斯商人》或林肯的《葛底斯堡演说词》(Gettysburg Speech)。与此同时，他也没有忽视锻炼身体。学校里有个大操场，400米跑道、篮球场、沙坑、单双杠等设施一应俱全。张涤生经常参加各种体育锻炼，提高自己的身体素质。

说到身体，张涤生在高一时曾经面临败血症的危险。一次，他不小心将脸上的青春痘挤破了，结果导致面部红肿、全身发热。父亲一看就知道是"疔疮走黄"，意思就是得了败血症，赶紧带他到一位有名的老中医那里看病。经过两个星期的治疗和恢复，张涤生总算脱离了危险，但从那以后他的左下巴上就留下一道深深的"印迹"。

身为家里的大哥，无论在家还是在学校，张涤生都很有责任感，乐于助人。在高二那年他当选为班长，从那以后一直到大学毕业，整整八年时间，他一直担任着班长这个职务，从没间断过，以至于同学们都习惯叫他"老班长"。他办事沉着稳重、仔细认真，周围的朋友都很信任他。

张涤生第一次接触军事也是在高中时代。高二有军训课程，张涤生担任队长，在一位老军人的带领下，与同学们到镇江军训一个星期。他还喜欢自制矿石收音机收听广播电台节目，他的手艺逐渐提高，从矿石机升级到晶体管机，到最后自制的收音机可以收听上海的所有广播电台节目。这段时间张涤生父亲的收入也还算不错，上高二时，父亲在县政府得到一份管赋税的差事，每月能领几十块银元。在张涤生高中快毕业时，全家入住一间大房子。张涤生独自占据了一间前厅的侧房，其他人住在后厅，后面还有一排屋子。一条运河的支流从后房边上经过，可以取水、洗衣、洗马桶，还有船载着稻草、大米等日用品出卖，生活很方便。在张涤生的记忆中，这段日子算是从长春回来以后最富裕的了。幸好有了这段日子，才给张涤生打下了上大学的经济基础。

高中时代是青年人人生观形成的重要时期，良好的学校教育使张涤生的进步思想萌芽得到了成长。他每周六都要购买邹韬奋主编的《生活周刊》。这份杂志注意讨论社会政治问题，"九一八"之后更是积极宣传抗日。通过这本周刊，张涤生了解到中国社会中进步与反动、民主与封建残余势力之间的斗争，了解到中国共产党和中国国民党的斗争，了解到全国进步学生运动的蓬勃发展。他还经常观看进步电影，学唱电影里的歌曲。高中学生风华正茂、血气方刚，又赶上了内忧外患、国难当头的动荡年代，张涤生就是在爱国进步抗日救亡的气氛中，结束了自己的高中时代。接下来他面临着抉择：报考哪所大学、学习什么专业呢？

大学时代

张涤生的中大生涯

张涤生的大学之路一开始就充满了戏剧性。由于在无锡中学深受毕业于交通大学的老师们的影响，他的愿望是考入交通大学，将来做一名工程师，比如电机工程师和土木工程师，为祖国做贡献。

当时报考大学并没有全国或各省的统一考试，同学们可以同时报考多所学校。因此他报考了交通大学和南京国立中央大学的电机类工科专业。最先参加的交大考试，几天的考试下来，他觉得很有希望被录取，但是体检出了问题。由于年纪轻、胆子小，也没有见过世面，第一次到上海来，张涤生紧张得不得了，结果心跳太快，医生给他写上了"Murmur"，就是心律失常，他当时不知道这是什么意思，还以为自己很有希望被录取呢。可是就是这个微不足道的小细节改变了他的人生轨迹。

接着他又参加中央大学的入学考试，自己觉得录取把握不大。这时正赶上中央大学新设立口腔系，张涤生和高中同学王汝熊商量是否改报口腔

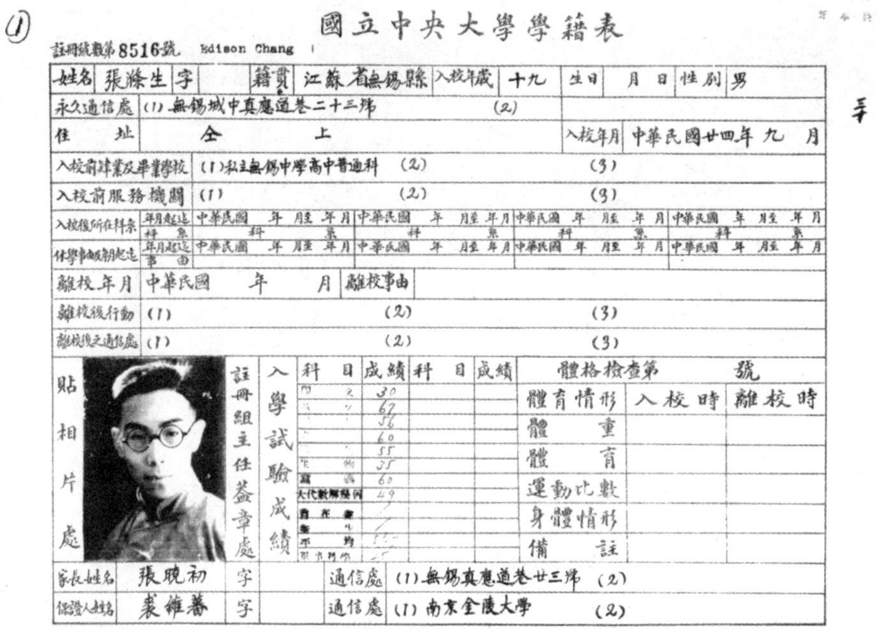

图1-4　张涤生的大学学籍表

系。他们觉得如果改了志愿，有可能被两所学校同时录取，这是多么光荣啊！在这小小的虚荣心驱使下，张涤生改报中央大学口腔系。让他没想到的是，交通大学并没有录取他，反而是中央大学口腔系录取了他。而且如果不改报中央大学口腔系，他是可以被工科录取的。不过世事无常，当时谁能想到，这个不幸落榜的年轻人会在70年后成为上海交大的一名教授，圆了自己多年前的一个梦呢？同学王汝熊后来去了美国成为一位整形外科医生，收入颇丰，家道殷实。

当时的中央大学校长是著名学者罗家伦，而医学院院长是内科专家戚寿南[①]。进入中央大学后，张涤生很快与他同时进入中大的无锡同乡、化工系学生薛葆鼎（薛葆鼎受哥哥影响很早就参加进步学生运动）来往密

---

① 戚寿南（1893—1974），浙江宁波人。1920年毕业于美国约翰·霍普金斯医学院，获博士学位。1922—1934年任教北京协和医学院。1935年任国立中央大学医学院院长。1937年抗日战争爆发，中大西迁入川，医学院迁住成都并与齐鲁、华西两校联合建立"三大学联合医院"，戚寿南任院长。抗战胜利后回迁，仍任中大医学院院长至1948年。后赴美行医，病逝于洛杉矶。

图 1-5　1937 年无锡成立的抗日救护队集合于惠山祠堂时的合影（第二排右一为张涤生，第三排左七为其大弟张养生）

切。张涤生在各种进步因素的促进下，加入了进步组织"南京学联"[①]。

1936 年的暑假，张涤生第一次下农村锻炼。他在地下党的领导下组织了无锡旅外学生暑期服务团，分组深入农村地区，用自编的油印课本向农民宣传抗日救国思想。一年之后，就在他们第二次组织服务团期间，日军发动了卢沟桥事变，开始全面侵华战争。接受过战时救护训练的张涤生被委任为救护队队长，组织一个 120 多人的战时救护队同无锡的一个伤兵医院无偿合作，救治伤员。不久淞沪会战爆发，救护队派上了用场。他们竭尽所能，为抗日伤病员服务，直接支援了淞沪会战。

在日军突破防线逼近苏州的情况下，救护队的年轻人做出了不同的抉择，有的参加了新四军，有的后撤到武汉集中。张涤生则在父亲的坚持下，跟随中央大学医学院后撤到四川成都华西坝。

[①]　南京学联是在"一二·九"运动的大背景下产生的"左"派学生组织，与中共地下党联系密切，虽然受国民政府的压制，不像北京的学联那么活跃，但是其立场是坚定的，政治倾向也是鲜明的。当时北京的学生上街游行，抗议国民党政府"攘外必先安内"的反动政策，要求停止抗战，一致对外。南京学联组织南京的大学生们举行静坐示威，在国民政府门前彻夜静坐不散，以示对北京学生的声援和对国民政府不抵抗主义的不满。

大后方的宝贵经历

华西坝是教会创办的私立华西协和大学所在地，校内环境优美，绿树成荫，建筑物中西合璧，别具一格。抗战期间，除了中央大学医学院外，还有金陵大学、金陵女子文理学院和山东齐鲁大学医学院在这里复学，被称为"五大学"。中央大学医学院与华西协和大学医学院在设备、图书和教学上都进行了密切的合作。1938年秋天到1941年夏，中央大学医学院、华西协和大学医学院、齐鲁大学医学院将几所医院合并成三大学院联合医院作为附属教学医院。这段在后方的日子里，中央大学医学院远离在重庆的校本部，各方面条件都十分有限。但由于拥有一大批优秀的专家学者，学校依旧保持着高水平教学，以至于北京协和医科大学的学生也来此借读。在这样的环境下，张涤生兢兢业业，在学业上没有半点马虎。

张涤生虽然身在大后方，却心系最前线。他很快就联系上了当地的进步组织。他第一个认识的是华西坝大学生抗敌后援团团长沈荫家（华西坝大学生抗敌后援团后来改称成都学生抗日宣传三团，沈荫家任团长，后来

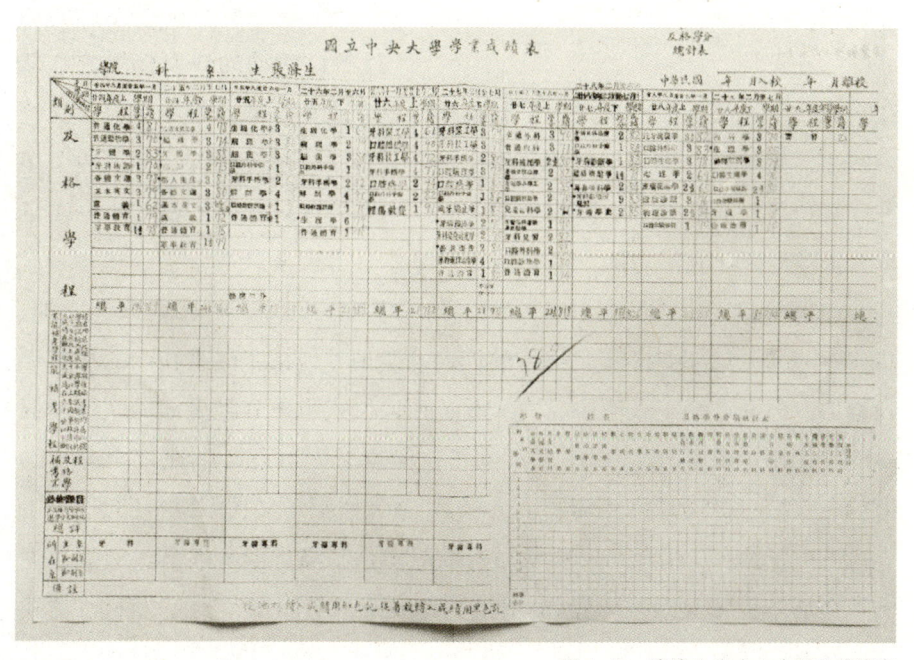

图1-6 张涤生在中央大学的成绩表

图1-7 1937年成都华西坝协和大学钟楼（位于今四川大学华西校内）

由张涤生接任）。1938年年初，沈荫家与同学艾尔达和金陵女大学生周曼如一起被中国共产党外围组织"中华民族解放先锋队"发展为中共党员，华西坝党支部由此成立，但是张涤生当时并不知道这些。对张涤生来说，沈荫家是一位热情的同志，教会了他很多革命道理，给他介绍毛泽东的《新民主主义论》和埃德加·斯诺的《红星照耀中国》等书籍，还传递给他来自延安的信息，这对张涤生的思想影响很大。同时，沈荫家又是一个可靠的朋友。张涤生有一位在无锡参加过救亡活动的战友杨恺，本来在陕北公学学习，但不幸染上了肺结核，就来成都找他。张涤生就找沈荫家帮忙，沈荫家慷慨地让杨恺住到自己在市区的"大宅门"，住了两个多月直到她考去了重庆音乐学院。张涤生和沈荫家的友谊一直持续到1941年夏天张涤生离开成都为止。

1938年夏天，国际学联（左派）的大学生访问团一行四人来到成都。四川省国民党党部安排宴会招待他们，并邀请了包括张涤生在内的学生代表参加。虽说宴会上人不少，有150多人，仪式也十分隆重，但气氛却很冷清。张涤生觉得气氛实在太沉闷了，简直忍无可忍，就在宴会即将结束、大家纷纷退场时跳到椅子上大喊："请大家唱《义勇军进行曲》，一！二！三！开始！"在大家一片激昂的歌声中，张涤生混入人群，边唱边走出了会场。金陵女大的周曼如问他："你哪来这份胆量？"他回答说："我实在忍不住这份冷清！"

晚会结束后，他和周曼如等人一起去华西协和大学魏露诗①（Ruth Weiss）博士家中继续开会。他们两个为当时的成都学联负责人韩天石②等同志担任翻译，向国际学联汇报中国学联的工作情况。

图1-8 成都地下党与国际学联代表团合影［左起：周曼如、郭成圩、胡伟碛、玛利琳（美）、张涤生、韩天石、邓昭明、克鲁门（英）、张文澄］

还是在1938年夏天，抗宣三团改为五大学战时服务团，由金陵大学的汤克湘担任团长。汤克湘是张涤生初中和高中的同学，他为人诚恳正直，乐于助人，善交际，爱运动，爱唱歌。在他的领导下，服务团十分活跃，组织了许多抗日宣传活动。但随着国共合作形势的恶化，服务团的活动逐渐受到干扰。1939年秋天的一个下午，华西大学贴出国民党四川省党部勒令五大学战时服务团解散的布告。张涤生、周曼如和徐纬英等几位同学当天晚上来到校长张凌高的家，向他提出抗议。他们申诉道：服务团只是一个学生组织，一直以来，团结同学，一致抗日，没有任何越轨举动，华西坝也有不少其他学生组织，为什么只解散服务团一个学生组织呢？张凌高虽然表面上很客气，但是嘴上却只说着上级命令只能执行之类的话，一直在推诿敷衍。最后张涤生灵机一动，想到一个挽回的办法。他说："张校长执行上级命令，我们是可以理解的，我们要求把这张布告撤除。任何布告贴出来，终有撤去的一天。如今布告已贴出去大半天了，已经发挥了它

---

① 魏露诗1908年12月11日出生于奥地利，捷克籍，曾在苏联生活过。1932年毕业于维也纳大学并获得哲学博士学位。1933年来到中国，为帮助中国人民的革命事业而留下。1936年9月到达成都，在华西大学、中央大学医学院任英语教授，并担任成都《新闻快报》主任编辑，同时与斯诺和史沫特莱合作，共同向世界报道中国人民抗日战争的进展情况。后加入中国国籍，一直在中国工作和生活直到2006年去世。

② 韩天石（1914-2010），辽宁沈阳人。1933年入北京大学学习，1935年参加"一二·九"运动，是运动的领导人之一。新中国成立后曾任云南省委副书记、北京大学党委书记、中央纪委书记等职。

第一章　成长经历

妙手生花

张涤生传

的'作用',我们现在要求把撤去这张布告的时间提早于明天早晨,这样您也可算完成了执行的任务。"张凌高沉吟了片刻,笑着同意了。第二天早晨他果然撤去了布告。张涤生等进步学生取得了一次小小的胜利。然而他们终究没法同反动政权抗争。1940年暑假,反动的三青团开始制造事端,干扰和迫害左翼青年组织。汤克湘作为战时服务团团长,敢于同反动的三青团成员们作斗争,因此被视为眼中钉,在一天晚饭后与张涤生散完步回到宿舍就被等在宿舍里的国民党特务逮捕了。一同被逮捕的还有其他进步学生的代表人物。由于没有加入共产党,找不到任何"罪证",汤克湘被关了半年就被释放了。但是战时服务团的活动遭受了重大损失,只能转到地下进行。张涤生和周曼如不得不外出躲避,直到开学事态平息后才回到学校。

图1-9 1941年张涤生大学毕业照(摄于成都)

张涤生本想毕业后去延安工作。他很清楚,其实大学期间有很多同学是中共地下党员,只是大家心照不宣。他也向往光明,希望加入中国共产党。

1941年春,就在毕业前的几个月,思想积极进步的张涤生和吴孝感[①]、刘载生[②]、富娴寿[③]等联名写信给重庆八路军办事处的钱之光主任[④],希望毕业后到陕北解放区工作。很快他们就收到了钱之光的亲笔回信,信中说从四川到陕西的道路已经被国民党严密封锁,目前形势十分紧张,无法保证他们安全抵达延安。张涤生回忆道:

---

① 江苏南京人,成都草堂疗养院主任医师。
② 哈尔滨医科大学教授,附属第二医院骨科创始人。
③ 浙江海盐人,哈尔滨医科大学儿科教授,刘载生之妻。
④ 钱之光(1900-1994),浙江诸暨人,1927年入党,1939年八路军重庆办事处成立时以少将军衔担任处长,在周恩来、董必武的领导下,为抗日根据地输送军需民用物资做了大量工作。1970年,任国家轻工业部部长,是新中国现代纺织工业的奠基人。

钱回信说，从成都到延安要经过四川北面的秦岭，爬过秦岭到宝鸡，再到西安，最后到延安，刚开始的时候关口比较松，大量的进步青年通过这一线路从西安到了延安。他说你们联系得太晚了，那一条路马上就要封闭了，沿途查得很严，我不能担保你们的安全，要早半年或者早一年就好了。我们当时是这样想的，早半年或者一年，我们没有毕业也没有证书，去了延安医生不像医生，学生不像学生。我们是希望毕业以后再去投奔共产党，没想到等到毕业以后情况变化了。钱之光说你们就留在白区吧。[①]

张涤生和同学研究斟酌了一番，也只能听从来信的建议，并把这封信烧掉了。

1941年春天的一个周日上午，周曼如突然找到张涤生，说她要离开成都去一个不方便说的地方工作。张涤生明白，她要去延安。面临着分离的张涤生顾不上囊中羞涩，请周曼如去春熙路的一个西餐厅吃晚饭，又一起看电影。从此以后很多年没见，直到1954年张涤生在北京和周曼如不期而遇。当时周曼如已与一位国防科工委的干部成家，生活工作都很顺利。而汤克湘在出狱后正好毕业，他学的是农业经济，去了重庆农业银行工作，并加入了中国共产党。之后张涤生、周曼如和汤克湘等几位老朋友也曾相聚过。不幸的是，张涤生的这两位老朋友后来都遭受厄运。汤克湘虽然毕业后不久就加入了中国共产党，并在重庆和上海的农业银行担任过要职，但由于他地主家庭出身，又说话直爽，在"反右"斗争中被错划为右派，于1969年久病去世。而周曼如的丈夫在"文化大革命"中被送到江西劳改，周曼如孤身留在北京，1970年患上了子宫癌，由于得不到有效治疗和照顾，孤身一人离开了人世。张涤生对此感到十分惋惜和痛心。

---

① 张涤生访谈，2010年6月1日，上海。资料存于采集工程数据库。

第二章
战地救护

战争与整形外科

相对于外科学的其他分支学科来说，张涤生毕生从事的整形外科是一门很年轻的学科。以植皮术和皮瓣移植术为代表的整形外科技术真正发展成为一门专门学科应该归功于两次世界大战。两次世界大战造成了巨大的人员伤亡和财产损失，但客观上却促进了现代整形外科学的形成。因此，一位西方专家曾说："整形外科是第二次世界大战中飞出来的金凤凰。"[①]

18世纪以前，外科治疗仅为一种手艺，外科手术者也不能称为医生（Surgeon）。18世纪以后，人体解剖学的发展使外科医生的地位有了明显提高，出现了专门的外科医院，但外科学的发展仍然缓慢，其主要原因是外科手术中的疼痛、失血和感染三大难题都没有很好地解决，手术病人死亡率很高，手术治疗往往是病人不得已的最后选择。直到19世纪后，外

---

① 张涤生：《张涤生院士学术述评集》。上海：上海交通大学出版社，2007年，第8页。

科手术中的三大难题才被相继攻破，外科学终于快速发展，逐渐进入到无痛、安全、无菌的手术时代。

19世纪后半叶，全身麻醉已经开始应用于临床，复杂的手术已可实施，然而对于创伤引起的皮肤缺损，外科医生却无法解决。瑞士外科医生雷维尔丹（Jacques-Louis Reverdin，1842—1929）无意中发现创面残留的几个小皮片能加速创面的愈合。他首先在一个前臂撕脱伤的病人身上试验，皮片全部成活并逐渐覆盖创面[①]。1872年，法国奥利埃（Ollier，1830—1900）取大块皮肤（4cm×8cm）全层皮肤移植。1874年，提尔施（Karl Thiersch，1822—1895）首先提出断层皮片移植成功。其后经欧洲各国医生改进，游离植皮术日趋完善。

第一次世界大战中，近距离枪战造成大批颌面外伤伤员[②]。据统计，许多非致命性颌面部创伤占全身创伤的10%左右，这些伤员迫切要求进行晚期修复性手术矫治[③]。面对新问题，各国普通外科、骨科、口腔科、耳鼻咽喉科等专业的医生纷纷开展整形外科手术，从而造就了一批著名的整形外科专家，其中以吉利斯（Sir. Harold Delf Gillies，1882—1960）、戴维斯（John Staige Davis，1872—1946）和布莱尔（Vilray Papin Blair，1871—1955）最负盛名。在他们的推动下形成了现代整形外科的基本概念和基本技术。在此期间有大量的文献发表，其中最重要的整形外科学专著有戴维斯的《整形外科：原则与实践》（Plastic Surgery: Its Principle and Practice，1919）和吉利斯的《面部整形外科》（Plastic Surgery of Face，1920）。

在第一次世界大战和第二次世界大战之间的和平时期，整形外科的治疗范围仍以头面为主，有许多新技术、新方法相继问世，其中最主要的是皮管的发明和植皮术的成熟。皮管是20世纪60年代以前整形外科学最常用的治疗手段之一。皮管的发明应该归功于菲拉托夫和吉利斯两人，前者于1916年首先使用该技术治疗病人，后者在不了解菲拉托夫研究进展的

---

① 庄洪兴，李式瀛：《整形与美容》。北京：科学普及出版社，1987年，第5页。
② 艾玉峰，柳大烈：《美容外科学》。北京：科学出版社，2000年。
③ 张涤生：继往开来，积极进取，持续推进我国整形外科的发展。《第二军医大学学报》，2005年第26卷第1期，第1页。

情况下，于1917年实验性地使用皮管治疗一位英国士兵，并在之后的临床实践中推广这一技术[①]。游离植皮术是早期现代整形外科治疗中最重要的技术之一。它可以用来修复各种创面，比如可以使有广大皮肤创面的患者免于死亡和残疾，可以使顽固的、长期不愈合的溃疡得到愈合，可以使肿瘤或其他疾病需要切除较广面积皮肤的患者有可能得到治疗，还可以在很多器官畸形与机能障碍的整复治疗中获得应用。19世纪60年代，在欧洲大陆游离植皮术已经开始萌芽，那时的切皮工具只限于一些极简单的外科器械，只能切取面积很小的皮肤，这在很大程度上限制了游离植皮术的应用。直到1938年Padgett与Hood发明了切皮机，游离植皮术在切片工具问题上才开始得到解决。

第一次世界大战期间，整形外科技术还仅局限于颌面、口腔及颌骨的修复。到第二次世界大战中，新式武器的应用使得战伤波及全身，伤情也更为复杂，整形外科医生随之不断扩大治疗范围，比如肢体（拇指）、乳房、头皮、泌尿生殖器官的再造等[②]，由整形外科分化出手外科、烧伤科和颌面外科等专业性更强的分支学科。由于对战伤的成功救治，无论是在医学界，还是在公众层面，整形外科均赢得了广泛的赞誉。因此有人评论道，国外整形外科学的历史悠久，源远流长，其诞生始于鼻再造术；逐渐进展趋于成熟归功于植皮术的日益完善；成为独立的专科与两次世界大战密切相关[③]。两次世界大战后，在战争中得到大量整形外科训练的耳鼻喉科医生、口腔科医生、普通外科医生开始以整形外科医生的身份出现在临床实践和学术交往中，并随着实力与人员的壮大，他们开始成立学会、创办杂志。以美国为例，整形外科学的建立在20世纪30—40年代。1931年美国整形外科医师协会（American Society of Plastic Surgeons）成立，1946年整形外科领域内最有影响力的学术期刊《整形与重建外科》（*Plastic and Reconstructive Surgery*）在美国创刊。

---

① Paolo Santoni-Rugiu, Philip J S. A History of Plastic Surgery. Berlin Heidelberg: Springer, 2006.

② 陈明斋：《外科学简史》。上海：上海科学技术出版社，2001年，第125页。

③ 孔繁祜：我国整形外科发展史。见：郭恩覃，《现代整形外科学》。北京：人民军医出版社，2000年，第1页。

张涤生恰逢其时，在第二次世界大战的中国战场、印缅战场上，他接触了整形外科技术，并立志要为之奋斗终生。新中国成立后，他前往抗美援朝的大后方——东北地区，在那里他施展拳脚，建立了中国第一个战伤治疗中心。

铁马医风图云关

1941年夏，张涤生从中央大学医学院毕业了。学校需要一部分人留校任教和从事科研活动，成绩优秀的张涤生是留校的当然人选，但是他自己却并不想留下来过安逸的生活。既然去不了延安，张涤生倒希望到处闯荡一番，丰富自己的阅历，到需要他的地方为灾难中的祖国做贡献。于是他与同学们一起用抓阄的方式来决定未来要到何方，一个小小的纸条就这样决定了他的去向：贵州图云关中国红十字会救护总队部（以下简称红会总队部）。与张涤生一起前往图云关的还有洪民、周继林、刘载生、陶国泰等人。想到自己马上就能成为一名医生，在需要自己的地方发挥力量，张涤生沉浸在喜悦中，他告诉自己这是一支"上上签"。

贵州境内群山起伏，道路百转千回，又是贫困地区，号称"地无三尺平，人无三分银"。景色虽令人叫绝，但要

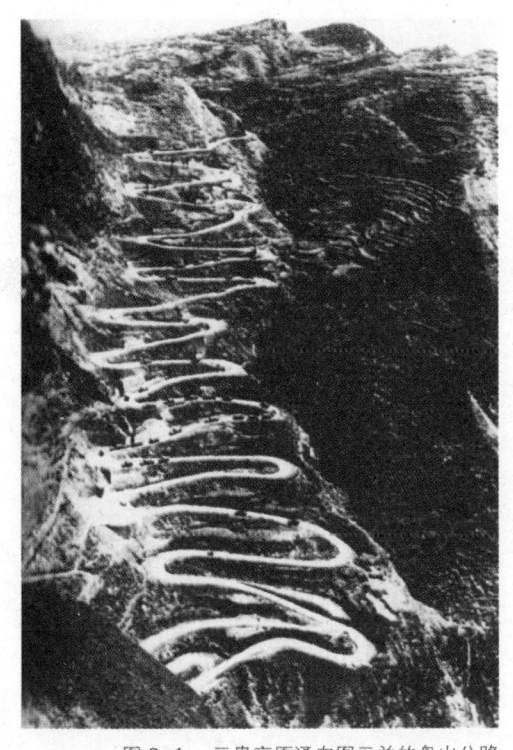

图2-1 云贵高原通向图云关的盘山公路

图 2-2　1941 年张涤生抵达贵阳图云关（车后为破壁残缺的茅屋）

亲自走一遭，还真是险象环生。由于抗战时期汽油紧缺，张涤生到中国红十字会救护总队报到，坐的是烧木炭的汽车。这种车不如烧汽油的车马力大，遇到上坡往往需要乘客下车减少重量。下坡的时候，一边是峭壁，一边是悬崖，更让人提心吊胆。路上有两段著名的险路，一条叫"吊死岩"，坡度很大，经过它就好比经历过上吊般危险，因而得名；另一条叫"二十四拐"，这段路落差达千余米，为了减缓坡度，车辆必须经过 24 道转弯才能曲折通过。要是赶上阴雨天，道路湿滑，雾气弥漫，路途就更危险了。张涤生和他的同学们就是走过了这样的险境，才到达图云关的。从那以后张涤生还曾在这条路上往返过几次，每一次都是提心吊胆，也曾与同伴一起在抛锚的车中过夜，忍饥挨饿，又冻又怕，真是惊心动魄。

年轻医生大显身手

图云关位于贵阳南部，在 20 世纪 40 年代初是贵阳通往广西、湖南的咽喉要道。抗战时期，红会救护总队部和军政部战时卫生人员训练总所（以下简称卫训总所）就建在此地。参与过救护总队部工作的薛庆煜描绘了当时图云关的情形：

今天，在空旷荒芜的山区，依稀可辨当年以茅舍为主要建筑的各个机构的位置。路北高岗上有两座很不起眼的茅舍，西边的是红会总队部，东边的是卫训总所。自后者的位置向南俯瞰，自东而西有材料股及卫材总库、单身职工宿舍、政治部、汽车大队和汽车修理所。沿小径越过山头高岗，进入谷地，前有18救护队，后自东而西依次是门诊部、X射线与物理、理疗等学组，167后方医院，运动场地，教室，护理学组示范教室、生理、生化、生物、微生物等学组，矫形外科中心和义肢厂，发电站，复健学组，卫生大队和学员宿舍。沿山南麓自西而东则是护理学组、防疫学组、环境卫生学组及其示范场和礼堂。家庭宿舍几乎全是茅屋，少者一两间、多者三四间，星罗棋布，遍布山坡[1]。

为什么红会救护总队部和卫训总所要设在人迹罕至的图云关呢？抗日战争爆发后林可胜[2]被任命为中国红十字总会总干事兼总会救护总队长，负责组织全国性医疗救护体系，以纾国难。救护总队最开始设在武汉，后来国民党政府在正面战场上节节败退，救护总队也屡屡搬迁，最后才到了西南边陲的重镇图云关。

1941年6月，张涤生来到了图云关，接待他的是医务主任荣独山教授[3]。荣独山是张涤生的无锡老乡，一口乡音未改，张涤生听起来格外亲切。张涤生向他表达了立志学习外科的决心，开明和善的荣教授便安排他去常驻图云关的总队部第18小队。18小队的队长周金华曾是协和医院的外科主治医师，待人和气又诙谐，在驻地颇受欢迎。小队里有10来位青年医师，如湘雅医学院毕业的孔庆德、许月娥，上海医学院毕业的计苏

---

[1] 薛庆煜：记中国红十字会救护总队与战时卫生人员训练所。《中国科技史料》，1999年第20卷第2期，第160-175页。

[2] 林可胜（1897-1969）出生于新加坡华侨家庭，毕业于爱丁堡大学医学院，在第一次世界大战期间，曾作为印度远征军的军医在法国服役两年。回国后，受聘为北京协和医学院生理学系主任，是该院第一位华人教授。

[3] 荣独山（1901-1988），生于江苏省无锡荣巷镇。中国放射学事业的奠基人之一，1929年于北京协和医学院获医学博士学位，1949年后任上海医学院（现复旦大学上海医学院）放射学教研室主任、一级教授。

华[1],还有来自广州的吴姓三姐妹,加上几名新毕业的护士以及原167医院的军医和护理人员,共同负责六个病区的内外科多科医疗工作以及部分讲课任务。

救护总队部有100多个小队,一个小队里有十几个人,以外科医师为主,有内科医师、护士、担架员、发药员,还配有汽车,但是内科医生和外科医生都不是专家,都是年轻人。这些小队分布在全国各地,有的时候小队是独立的,大部分时候是跟着国民党部队的医务处帮忙。因为一个小队十几个人,能力太薄弱了,而伤兵医院有几千几百个伤员。小队参加医务处的工作,药品由红十字会补助[2]。

由于条件所限,张涤生一行人到达这里后只能住在用茅草、木板搭建的简易房屋里,每月领上几十元的薪水,吃的是混入玉米粉的粗糙米饭。贵阳天气潮湿多雨,路又不好走,一双皮鞋几个月就穿坏了。当地又是贫困地区,供电也十分困难,晚上只有几盏半明半暗的电灯照明。生活可以说是艰苦而又寂寞。但是在这样的环境下,张涤生仍然找到了自己的乐趣。他常在万籁俱寂的夜晚只身来到山坡上,找一块干净而又平坦的草地,躺在上面望着晴朗夜空,璀璨群星,苍茫宇宙,陷入沉思与遐想之中。他甚至还特意买了一本天文学方面的书籍,借着手电筒的光亮逐一分辨夜空中的星座。久而久之,他对神秘遥远的星空有了不少了解,借此也打发了不少无聊的时光。

中国红十字会救护总队是中国战时最大的医学中心。这里集中了许多技术一流、治学严谨的专家,其中有许多是北京协和医院撤退过来的。总队组织训练班,为抗战培训了大量战地救护人员,还附设药厂和医疗器械制造厂。并且在前线设立战地医院,大大提高了伤病的救治率和生存概

---

[1] 计苏华(1917-1976),江苏苏州人。老年医学专家,1939年毕业于上海医学院,1947-1949年在美国芝加哥大学外科系学习。回国后历任山东医学院教务长、北京医院副院长、卫生部保健局副局长。

[2] 张涤生访谈,2010年6月1日,上海。资料存于采集工程数据库。

率，为提高士气、抗击日寇做出了巨大贡献。由于总队长林可胜的崇高声望，救护总队也得到了国际团体、华人华侨和各界友人的大力支持和宣传。在这里，张涤生与众多优秀医生一起工作和学习。他一有时间就到图书馆，阅读中外医学书籍。美国捐助给中国的最新药品如青霉素、硫苯妥钠等，张涤生也都接触到了。可以说，这个时期他的理论知识和实践水平都得到了显著提高。

最重要的是，他被编入第18分队后方医院，师从协和医院外科主任张先林[①]教授，协助张教授进行了不少整形治疗，从此张涤生与整形外科结下了不解之缘，并奠定了他普外科和整形外科的基础。张先林教授可以说是张涤生从事整形外科的第一位恩师。而第18分队也是人才济济，新中国成立后大部分队员成为上海第二医科大学和长海医院的医疗骨干教授，如骨科的屠开元教授，内科的龚念慈、霍笑足、许月娥教授，口腔外科的陈约翰，泌尿科的马永江教授，放射科的孔庆德，检验科的叶天星教授以及北京301医院口腔科的洪民、周继林教授等。

首次接触美容手术

说来也巧，167后方医院院长是李泰均，他原是南京大学眼科主任，曾经在英国进修眼科。张涤生到达贵阳后，自觉医学知识太少，于是跟随李泰均学习眼科知识和技术。虽然是战争时期，但爱美之心人皆有之，尤其是战地医院的护士们都喜欢漂亮，因为李泰均在英国学会了做双眼皮手术，又因为医院的规章制度没么严格，所以好多护士都去找李泰均做双眼皮。张涤生利用这个机会，跟随李泰均学会了做双眼皮手术。待张涤生学成后，李泰均不再做双眼皮手术，而是全部交由张涤生做。就这样，在战争的炮火中，张涤生接触到最早的美容手术并逐渐掌握了这门技术。

[①] 张先林（1901-1969），安徽合肥人，外科学家。毕业于北京协和医学院，获得美国纽约大学医学博士学位。1932年，参加救护总队，前往前线参加战时救护。因为表现出色，被北京协和医学院选送美国哥伦比亚大学医学院进修外科一年。修业期满后回国，参加中国红十字会救护总队，担任外科指导员。当时红十字会救护总队队长林可胜是张先林在协和医学院学习时的老师，二人同在救护总队工作，互相支持。

印缅战场功勋显

1941年12月7日，日本联合舰队不宣而战，对珍珠港发动突然袭击，给美国海军太平洋舰队造成了重大损失。美国正式对日宣战，中国成为同盟国的一员，从此中国孤军奋战的局面得到了极大改善。

应英国要求，根据《中英共同防御滇缅公路》协定，中国组建了10万人的远征军，于1942年第一次入缅作战，与英军一起保卫缅甸。缅甸对中国来说是战略物资输入的大动脉，事关生死存亡；但是英国并不十分重视缅甸的安危，只把缅甸当做防守印度的缓冲区。在缅北战场上，英军节节败退，一支7000余人的部队在仁安羌被日军包围弹尽粮绝，危在旦夕。中国远征军第38师应英军请求，在孙立人将军的指挥下前往救援。在装备落后、补给不足的不利情况下，仅以一一三团一团之力痛歼日寇，解救被包围的英军，令盟军刮目相看。后来由于敌强我弱，英军放弃印度。远征军经过野人山区，历尽千辛万苦，撤退进入印度，改编为中国驻印军，准备反攻。林可胜带领的医疗小分队跟随着远征军一起撤退到了印度。1943年8月，和张涤生一起在图云关工作的薛庆煜被林可胜召至印度，担任新38师医务处长。后来新38师改编为新一军，军长为孙立人，薛庆煜升任新一军军医处长。1944年春，随着反法西斯战争在世界范围内走向胜利，反攻缅北的时机成熟了。

1944年2月，在图云关工作了三年的张涤生突然接到薛庆煜寄来的一封信，邀请他前往印缅前线参加工作。此时的张涤生，经过几年的学习与实践，已经练就了不错的外科基本功。他又是孤身一人，无牵无挂，接到这封信自然怦然心动。前往远征军中工作，既可以接触大量伤病员，进一步提高自己的外科水平；又能亲身经历军旅生活，增长见识；更重要的是，可以为抗日战争做出更大的贡献，因此张涤生毅然决定只身前往前线。张涤生说：

我家在无锡，七八年音信不通，没人管我，我也没家庭。我想在内地待了七八年了，换换空气，到前线去看看到底怎么样。胆子也大，也无需征求哪个人的意见。①

在请示获得总部批准后，他就乘坐木炭汽车去昆明远征军办事处报到。第二天，就登上了飞虎队的军用运输机飞赴印度里多。运输机上设备简陋，舱内十分寒冷，张涤生就用皮大衣把自己严严实实地包裹起来，一边忍受着高空飞行的寒冷和颠簸，一边欣赏着喜马拉雅山脉银装素裹的壮丽景色。到达里多，他先洗了个澡，换上远征军军装。第二天，他又搭乘美军司令部派来的一架小型飞机飞越缅北茫茫的原始森林和巍峨起伏的群山，来到了兵家必争之地、缅北重镇密支那，到新一军38师司令部报到，紧接着又前往前线的一个野战医院。一路上小型飞机飞得很低，张涤生能清晰地看到地面上的丛林和荒野。他怀着兴奋而又紧张的心情，正式开始了军旅生涯。

这时远征军已经三面包围了密支那。张涤生所在的野战医院十分简陋，由一些帐篷组成，仅能收治一些轻伤病员，而重伤员都由飞机送到

图 2-3　缅北战役地形图

---

① 张涤生访谈，2010 年 6 月 1 日，上海。资料存于采集工程数据库。

第二章　战地救护　　*31*

后方去治疗，医院所需的物资全靠美军飞机空投。张涤生睡觉休息的地方就是由一个空投之后废弃的降落伞搭建而成的帐篷。在这个野战医院里，张涤生很快适应了彻夜的枪炮声，工作也很清闲，他的医术并没有得到充分发挥。其间，他见识了美军工程兵的很多先进的大型机械，感到十分震撼，并产生了到美国去见识中国没有的先进事物的想法。

很快，张涤生认识了师部美军联络官 Leed 上校。Leed 发现张涤生是正规医科大学的毕业生，英语也不错，外科技术比部队里的军医高不少，就推荐他到美军直接指挥的第 43 流动手术组去工作。这个手术组由来自美国纽约市肿瘤医院的 Sunderland 医师担任队长，带领两位年轻的助理医师，加上几位护士和厨师，跟随直接参加战斗的部队，在离前线很近的地方直接救治刚刚送下来的伤员。日军的炮火常常落到他们的帐篷附近。在这种危险下，张涤生一开始有些胆战心惊，但很快就感到兴奋，因为他此时不仅可以第一时间救治伤病员，而且还感觉到自己是一个真正的战斗员。Sunderland 医生很快发现了张涤生的过人之处，对他很信任，把两个助理医师交给他带。

> Sunderland 是纽约肿瘤医院的医生，少校军衔。他下面有两个医生，说是叫医生，其实是实习医生，手术都没有做过，外科都没有轮转过，静脉注射也不会。那个时候静脉麻醉刚出来，我们早就用过了，他们不会用。后来队长让我带他们。①

密支那的战斗持续了大约两个月。在此期间，张涤生主刀进行了很多战伤急救手术。他们或为伤员做止血手术，或将骨折部位用石膏固定，或缝合、封闭创口，然后再将处理过的伤员送到后方进行进一步治疗。紧张危险的前线手术不仅提高了张涤生的外科手术水平，还磨炼了他的心理素质。当然，他也见识到了很多非常严重的重伤员。比如有一个四川口音的士兵，肺部被炸开一个大洞，左肺部塌陷，能够清晰地看到跳动的心脏。

---

① 张涤生访谈，2010 年 6 月 1 日，上海。资料存于采集工程数据库。

他问张涤生自己还能不能治好。此时张涤生明知他凶多吉少，但也只能为他封闭好伤口，安慰几句之后迅速后送。像这种例子还有很多，令张涤生始终难以忘怀。

随着战斗的进行，战线逐渐推进，张涤生所在的手术组也要随着部队行军。不管路途多么泥泞艰险，气候多么变化多端，也要徒步行军，背负着自己的行李，跨过深涧和激流，白天赶路，晚上在吊床上休息。到达新的战线之后，立刻开始救助伤员。张涤生此时真的像一名军人一样，克服战场上的种种困难，出色地完成任务。当然他也曾遇到过危险。有一次，他们的手术组正在帐篷里做手术，这时日军的炮弹正好落在帐篷附近，钻入地下，所幸这两枚炮弹并没有爆炸，否则张涤生一行十余人，加上在附近休息的两名远征军士兵，恐怕都凶多吉少。虽然在滇缅战场上并未学习到新的整形外科技术，但是精神上的收获却是张涤生人生中最为宝贵的财富。

> （我）参加了好几个战斗，生死由天。这个经历对我的身心锻炼、精神锻炼和体魄锻炼很有关系。所以我遇事不惊、勇敢。我在整形外科做了很多前人不敢做的手术，跟我这段经历很有关系[1]。

在枪声和炮声轰鸣下，张涤生和三位美国医生共同开展手术。只需15—20分钟，张涤生等中美医生就可在简陋的帐篷中为从火线上抬下来的伤员进行血管结扎、止血和扩创手术，及时挽救了战士的生命。有骨折的病例，立刻作适当的肢体固定并进行分类，轻伤留在师部附近的野战医院，重伤很快用救护飞机送至印度里多的后方医院，以便得到及时治疗，避免因拖延时间而危及生命，这在当时是战争时期最现代化的战时卫生勤务程序，张涤生有幸成为远征军中唯一一名战伤外科医师参与者，经历难得。

在远征军攻克密支那后，张涤生曾与几位翻译一起前往市区察看。上

---

[1] 张涤生访谈，2010年6月1日，上海。资料存于采集工程数据库。

级发给他们每人一把手枪和一支冲锋枪以防万一。市区内到处是战争刚刚留下的痕迹，残垣断壁，满目疮痍。如果真的有残存的日军从暗处袭击张涤生一行的话，恐怕是很难防御的。他们最后发现了许多日本兵的尸体，都被四个一起绑成一串，这是溃退的日军来不及拉回去的尸体。

缅甸战事结束后，张涤生随部队回到广西，准备向东收复广州。1945年8月15日，日本宣布无条件投降。在广州举行的日军投降仪式上，日军将领向以孙立人将军为首的中方代表们鞠躬投降。张涤生亲历了这一重要时刻，他还向上级要了一把缴获的日军军刀留作纪念。后来，中国红十字会救护总队迁到上海，组成上海国防医学院，也就是今天的上海第二军医大学。为了表彰从军医生们的贡献，林可胜联系国民政府选派人员去美国留学深造。张涤生不仅入选了，而且还幸运地成为能够到军医系统之外的地方医学院校正式留学的少数人之一。

骨鲠在喉夺人命

外科医生是一门难度大、风险高的职业，与死亡搏斗，往往一步不慎就是万丈深渊，所以精神上要时刻保持紧张状态。张涤生一生都在与死神斗争，在他丰富多彩的人生历程中，有几次生死搏斗是令他难以忘怀的。张涤生经历的几次事故，有历史的原因，也有助手的失误，但他非常坦诚地看待这些医疗事故，坚持认为自己有做得不到位的地方。他愿意将自己的难忘经历说出来与年轻的医生分享，希望年轻人能在前辈的基础上将医学事业继续发扬光大。

在我这辈子从医生涯中，碰上了几次和死神进行生死搏斗的故事，现在想起来，触目惊心，余悸犹存，或经验不足，有心无力，造成终生遗憾，迄今难忘；也有临危不惧，敢于承担责任，使病人转危为安于瞬息之间，救命于危急之时。现把这些故事记叙如下，以达到安抚死者、教育后人的目的。[1]

1941年冬，张涤生从中央大学医学院毕业分配到贵阳图云关中国红十字救护总队部工作，他随即被安排在总队部的附属医院当一年的外科住院医师。

一个深秋的傍晚，同事都已经下班，只剩下张涤生值班。事发突然，一名年轻妇女被紧急送到外科门诊部，她的家人说她的喉咙口被一块猪骨头卡住了，咳不出来，吞不下去。张涤生得到通知后立刻赶往门诊部。初步检查后，他随即立刻将病人转送到手术室。手术室已经下班，并无值班人员，张涤生只得到宿舍找来护士长，让病人躺上手术台。张涤生使用咽喉镜伸入喉部深处仍然找不到骨块，他估计骨块已经深入到气管深部。那时，医院里没有五官科的专科医生，张涤生赶紧把上级医生找来帮忙。主任首先使用了麻醉科的咽喉镜来检查，想从咽部深处找出骨块，但也没能解决问题。这时离事故发生已超过半个小时，病人呼吸急促，痛苦难忍，但在场的医生却毫无办法，只能眼睁睁看着她在呼吸极度困难中窒息而痛苦地离开人间。张涤生回忆道：

> 现在想起来，进行气管切开术[2]不但可以维持呼吸通道，而且可以从下面向上探寻骨块并把它取出来。但当时我们五六个医生却没有一个人想到这个简单而有效的救命术，如今回忆起来，实在觉得汗颜。

第一场生命搏斗，张涤生无奈地败下阵来。

---

[1] 张涤生：亲历几次生死搏斗（未刊稿）。资料存于采集工程数据库。
[2] 气管切开术系切开颈段气管，放入金属气管套管。气管切开术为解除喉源性呼吸困难、呼吸机能失常或下呼吸道分泌物潴留所致呼吸困难的一种常见手术。

第三章
结缘名师

在从事整形外科的道路上,张涤生遇到过几位非常重要的恩师,他们或潜移默化地影响他的专业选择,或目的明确地指导他从事整形外科实践。对于这些整形外科事业的启蒙老师,张涤生至今念念不忘。在采访张涤生的时候,他曾指着墙上挂着的艾伟教授和韦伯斯特教授的合影说"这是我的美国老师,我感谢他们培养了我。"张涤生在其最新出版的《创新与求索——我的整复外科生涯》一书中首先感谢的也是他的老师,他在扉页上写下了"谢恩师,诲人不倦"。

巧遇张先林

在救护总队服务的那段时间里,张涤生是幸运的。虽然救护总队的基础设施并不完善,但是大部分医生都出自北京协和医院,可以说他们代表了各自领域的中国最高水平。在这里张涤生遇到了他整形外科道路上第一位重要的老师——张先林。

因国民党的军医多是行伍出身,为了提高战地医疗水平,1939年2月,国民党军政部在距贵阳西边大概200公里的安顺成立战时卫生人员训练所，为期四个月，主要培训现任的校尉级军医，并招聘各类医师技术人员，张涤生也参加了战时卫生人员训练所的学习。林可胜担任战时卫生人员训练所主任，张先林担任训练所副主任并兼任外科学组主任教官。

与国民党军医相比，张涤生具有很大优势。因为国民党的军医几乎没有学过医，更不要说接受系统的医学训练了。所以在战时卫生人员训练所，张涤生的表现比较突出，很受任课教师包括林可胜教授和张先林教授的器重。

图云关有三个单位：中国红十字救护总队部、国民党军政部卫生人员训练所和167后方医院。事实上三个单位是一体的，林可胜是带头人。167医院有外科病房和内科病房，收治的都是抗日前线伤员，其中有很多是面部和手部伤残的。因为张先林在协和医院时，韦伯斯特[①]曾经教过他整形外科手术，所以张先林在167医院的时候能够给伤员做植皮和皮管，这两项技术是整形外科的基本技术。张涤生见过张先林做整形外科手术，目睹了那些伤残的士兵因为成功的整形手术而重获的新生和自信，深深地被整形外科技术所吸引。又因为在成都上大学的时候，董秉奇[②]曾经给张涤生上过整形外科学，所以张涤生也知道一些整形外科的基本原理和技术，并对此表现出极大的兴趣，可惜没有亲自实践过。1941年的某日，张涤生抓住机会问张先林是否可以教他做一点整形外科手术。张先林欣然同意，并嘱咐张涤生把病人集中一下，再具体教他。

张涤生首批集中了十几个病人，这些伤员有脸被炸坏的、耳朵没有的、眼睛坏了的、嘴巴歪了的、手坏掉的，情况各不相同。面对这些复杂

[①] 杰罗姆·皮尔斯·韦伯斯特（Jerome Pierce Webster，1888-1974），美国著名的整形外科学家，毕业于约翰·霍普金斯大学医学院。韦伯斯特在美国学术界颇有影响，他与戴维斯共同推动了整形外科作为一门学科在美国的建立，被誉为"美国整形外科教育之父"。Bowers JZ. Western Medicine in a Chinese Palace：Peking Union Medical College, 1917-1951. New York：The Josiah Macy, Jr. Foundation, 1972：136.

[②] 董秉奇（1900-1955），1924年毕业于湖南湘雅医学院，1932年赴美国哈佛大学医学院进修，获医学博士学位。1934年回国后，任上海医学院外科教授，附属红十字会医院外科主任。1950年起，任西南军政委员会文化教育委员会委员兼卫生顾问、第二军医学院第二院长、第七军医大学第一副校长。在腹部外科、胸外科、整形外科、脑外科等领域造诣颇深，是中国胸外科创始人之一。

的情况，张涤生不知道如何下手，而张先林却游刃有余，非常耐心地一步一步带着张涤生完成各种不同类型的修复手术。由于处在战争的特殊环境中，西方医学在中国传播不过近百年历史，而且即使是接受过系统的高水平的西医训练的医生，他们的行医经验也不过十余年，所以当时在中国西医学分科还局限在大的内、外、妇、儿、五官、皮肤等科别的范畴，在外科系统中并没有细致区分，整形外科还没有从大外科中独立，并没有专门从事整形外科手术的医生，只是有些医生在完成外科手术的时候，也做整形外科手术而已。不过，在这些外科医生当中，张先林是做整形手术比较多的医生。受当时战地条件所限，医院的规章制度不够严格，作为一名年轻医生，张涤生一个人就负责管理一个病房（50—60张病床）。每个星期，张先林都会亲自查房，并且反复教张涤生做植皮和皮管。在张先林的帮助下，张涤生较好地掌握了植皮和皮管技术，为日后成为一名优秀的整形外科医生打下了很好的实战基础。

在张涤生成长为一名整形外科医生的道路上，张先林无疑是一位启蒙者。作为一名老师，张先林起到了成功的表率作用。他为人仁和，勤奋敬业，热爱国家。这些优良的品质对张涤生后来的成长产生了潜移默化的影响。

1947年7月，张先林兼任国防医学院[①]外科学组主任教官及系主任。1949年春，国防医学院奉令返回台湾，迁至台北市水源地。国防医学院迁台初期，军工人员待遇菲薄，奉准成立医学中心，一方面为更多的大众服务，一方面收取诊费补贴医学中心教职人员的生活。张先林担任医学中心主任，开军医院为民服务之先河。在张先林的领导下，国防医学院的外科建立了分科制度，台湾的医院纷纷效仿。在这之后，张先林协助筹备成立荣民总医院并兼任外科部主任，使荣民总医院的外科制度更为具体。在张先林的带领下，台湾外科人才辈出。

张先林来台湾的20多年中，除了担任国防医学院职务外，还协助陆

---

① 国防医学院的前身是1902年11月24日，袁世凯在天津创立的北洋军医学堂。1906年更名为陆军军医学堂，负责人为毕业于香港大学医学院的陆军部军医司司长徐华清。1912年更名为陆军军医学校，校长是北洋军医学堂第一批毕业生李学瀛。1936年更名为军医学校，校长为张建。1947年在上海江湾改组，更名为国防医学院。

军总医院建立外科。1967年,宋美龄聘请张先林担任振兴复健医学中心院长,自筹办到业务开展均由张先林主持,张先林的工作重心也由临床治疗扩展到社会保健工作。张先林热心参加学术社团活动,先后参与中华医学会、中国外科学会、国际外科学会中国分会等组织,并被推选担任重要职务。1969年1月29日,张先林因心脏病突发逝世。张先林逝世后,成立了116人组成的治丧委员会,张先林的学术成就和为人可见一斑。在这样敬业的老师的影响下,张涤生在做人、做学问到将来的做领导等诸多方面都颇为受益。

赴美求学　师从艾伟

1945年8月,第二次世界大战胜利的春风终于吹到了华夏大地,八年抗战留下的伤疤终于得以慢慢地被修复。1946年,林可胜教授为了表彰那些在抗战中随他东奔西走的医生的突出表现,他联系国民政府,并选派了部分医师出国赴美深造,张涤生是人选之一。那时的张涤生刚刚脱下军装和阔别八年的家人、亲友团聚,当张先林问他出国的意愿时,张涤生无比欣喜地答应了,并坚定地告诉张先林四个字:整复外科。如此坚定的意愿来自于他那30年的经历。

很显然,大学和医生的经历不仅仅给了张涤生作为一个医生一身的技艺,还大大改变了张涤生对人生的要求和对自己使命的理解。在大学和战场的那些年,面对着一位又一位伤者,面对着残缺的身体,张涤生充分体会到一个完整而又完美的身体是多么重要。张涤

图3-1　1946年赴美留学前与大弟张养生(左)在无锡老屋前合影

第三章　结缘名师

生专注于整复外科的愿望就是在那时生根发芽，并因此得到了一个出国学习的绝好成长机会。

经过张先林的推荐和联系，张涤生如愿被送至美国费城宾夕法尼亚大学医学进修学院（Graduate School Of Medicine）师从著名的整复专家艾伟教授（Robert H.Ivy）。三十年的历练、三十年的成长、多年的战场经验和求知的渴望让张涤生十分珍惜这次留美机会；见惯了中华的满目疮痍，经历了华夏的风雨飘摇，张涤生将这安稳的学习环境和丰富的学习资源视作天赐良机，孜孜不倦地学习整复外科的各种理论和实践知识。然而，现实对他的打击是残酷的，张涤生在大学和战场上学习到的知识不仅仅是整复外科学中的九牛一毛，更是整复外科学中最浅显最基本的知识。落后的知识和美国人对中国人的傲视，让那些在美国学习的中国医生们很难得到真正的学习实践机会。

作为学生，张涤生深刻体会到了在外求学的不易，他抓住一切机会丰富自己的知识。不仅做好例行查房和安排好的手术工作，还选修了多门课程。不断学习，不断进步，并得到了美国医药援华会（ABMAC）的奖学金。张涤生的努力，大家有目共睹，而导师艾伟也深深地被他的努力所震动。作为一位参与过第一次世界大战与第二次世界大战的老医生，艾伟有着丰富的实践经验和理论知识，这个曾经日日夜夜与残缺身体打交道的年

图 3-2　思想者（1947 年张涤生摄于美国费城）

近 60 的老教授，对于同样参与过第二次世界大战的张涤生别有一番理解和亲切。他们似乎对整复外科和美学有着相似的理解和认识。

张涤生的努力终于得到了回报。艾伟教授决定让张涤生作自己的第一助手。这是张涤生自得到出国学习的机会之后又一次绝佳的锻炼机会。张涤生喜悦的心情不必多说，同来的那些中国医师们也无比羡慕这位同胞出色的表现和成就。而张涤生也没有辜负老师对他的信任，他事无巨细，每件事都会尽自己最大的努力去做，就这样，艾伟教授对张涤生的信任与日俱增，甚至一些大手术也会交由张涤生一个人负责。这种罕见的信任也让张涤生变得更加优秀。

大部分时间都在校园里的张涤生，却也不忘拓宽眼界。在人们看来，一个如此努力、追求卓越的中国学生应该是很少懂得生活的，甚至他们连校园外的世界是什么样子都无法确定，然而曾生活在动荡的国家、与战火为伴的张涤生却深深地懂得走出去的重要性。当他走出宾夕法尼亚大学校门的时候，他才真正地体会到一个国家的繁荣昌盛来自于人民的安居乐业。祥和、安宁、富裕、幸福，一个个优美的辞藻瞬间涌入张涤生的大脑，而他内心深处却是满心疾苦。他懂得，当时的中国和西方资本主义国家的差距的缩小需要更多的人去努力、去奉献、去建设。走在这曾经养育了一批又一批名人的沃土上，瞻仰着本杰明·富兰克林激扬的革命热情，张涤生心里既沉重又壮志满怀。

1948 年，张涤生在美国宾夕法尼亚大学的进修期限已到。他面临着两个选择，一个是回到正处于动荡之中的祖国，而当时的中国医学界甚至还没有"整复外科"这四个字；另一个是继续留在美国。第二个选择的好处显而易见，美国的物质生活丰富，机会诱人，而且当时张涤生已经找到了一份相对稳定的工作，张涤生很坦诚地说：

> 我原来已经找到工作了，准备留在美国继续读下去。宋儒耀还在美国读，我还没有读完。他读博士，我不是读博士，是进修。我也想读博士，但是名额已经满了。我的老师艾伟教授要我再等一年，先找个工作做，明年再收我做博士研究生。后来我找到一个麻醉师的工作，平常在一起工作

图 3-3　1947 年张涤生拍摄的美国纽约时代广场

的麻醉师对我很好，让我到他那里工作，（所以我）找到工作了[1]。

张涤生最终还是选择回国。回来的原因有两个，首先是张涤生比较倾向中国共产党，当时共产党也派人去劝说他回国；其次张涤生在父亲的教育下，深受中国传统道德观念的影响，作为长子，希望挑起家庭的重担。

我中大的一个老朋友、（也是）同乡薛葆鼎是地下党员，是我们党派到美国去的。他是中央大学化学系毕业的。他之前在重庆搞地下党活动，后来共产党的一个高层领导，（名字想不起来了）派他到美国去留学。一方面去留学，另一方面在美国做留学生的工作，做美国华侨的工作，劝他们回国效力。所以他也做我的工作。一方面受他的影响，第二方面是我家庭很贫苦，父亲和母亲在八年抗战中吃了不少苦，我想回来解决他们的生活问题。因为这两个原因，我最后决定回来了。一个公的原因，一个私的原因。我那个时候有美国女朋友，结果就放弃了。[2]

---

[1] 张涤生访谈，2010 年 12 月 17 日，上海。资料存于采集工程数据库。
[2] 同[1]。

当我们回忆起那些为新中国而回归华夏热土的青年时，或许我们很难想到，有一位有着光明前途的医生、一个怀揣着梦想却在自己的故土上无法施展的医生毫不迟疑地背上行囊，在华夏大地最昏暗的年代毅然奔波回到自己的故土。客观地讲，当时的张涤生是冒着风险回到祖国的，这不仅仅在于他抛弃了一片温床，走到了一片瘠土上，还在于他在那个战火纷飞的年代决然走向革命，冒着一次次与死亡和失败邂逅的危险，开启了自己新的梦想之旅。

上海整形外科学习班

韦伯斯特与中国整形外科的孕育 [1]

20世纪30年代，来自美国的留学生倪葆春建立了中国历史上第一家整形外科的临床科室。但受时局所限，该科室存在的时间较短[2]，倪葆春对后来的中国整形外科的发展影响也较小。整形外科技术在中国有规模的传播可以追溯到1948年上海整形外科学习班，该学习班由韦

图3-4 张涤生家中保存的两位美国导师艾伟（左）和韦伯斯特的照片

---

[1] 胡俊，甄橙，李东：韦伯斯特与中国整形外科的孕育。《中华整形外科杂志》，2011年第27卷第3期，第234-238页。

[2] 1937年"八一三"事变爆发，同仁医院在日军空袭中被毁，于1937年年底迁往九江路，开设同仁难民医院（同仁第二医院）。1941年，同仁医院院址被日军占领。据此笔者推测，在如此艰难的时局下，同仁医院的整形外科门诊极有可能在1937年年底停业。

第三章　结缘名师　　43

伯斯特主持，张涤生为学员之一。

1921年，洛氏基金会（Rockefeller Foundation）资助韦伯斯特前往新成立的北京协和医院担任住院医师[1]。外科主任泰勒（Adrian S. Taylor）是如此描绘韦伯斯特抵达北京的情形的：

图3-5 1948年张涤生在美国宾夕法尼亚大学

这是这一年的重大事件……他现在以住院医师的身份住在医院里，自他负责以来，医疗服务已有了新的面貌。年轻的中国医生还并不明白一所大型医院里住院医师职位意味着什么[2]。

在协和期间，韦伯斯特协助泰勒按照霍普金斯医院的模式建立了住院医师制度[3]，为中国外科医生的培养确立了很高的标准。林必锦和吴阶平认为"韦伯斯特为建立住院医师制度做出了贡献"[4]。此外，在协和医学院器械修造处的协助下，韦伯斯特还成功研制了肠端吻合术所需的器械[5]。也正是在协和医院期间，韦伯斯特逐渐将他的注意力转向了整形外科的临床实践。在给霍尔斯特德（William Stewart Halsted，1852—1922）的另外一封信中，泰勒谈到了韦伯斯特如何娴熟地为一位伴有脂肪瘤的唇裂患者实施修复手术[6]。1925

---

[1] Humphreys II GH. Presentation of the Academy plaque to Jerome P. Webster, M.D. Bull N Y Acad Med, 1973, 49 (11): 954-956.

[2] Bowers JZ. Western Medicine in a Chinese Palace: Peking Union Medical College, 1917-1951. New York: The Josiah Macy, Jr. Foundation, 1972: 135.

[3] 施锡恩. 协和医学院外科之创立. 见：政协北京市委员会文史资料研究委员会编，《话说老协和》. 北京：中国文史出版社，1987年，第43页.

[4] 林必锦，吴阶平：记协和外科. 见：政协北京市委员会文史资料研究委员会编，《话说老协和》. 北京：中国文史出版社，1987年，第48页.

[5] Webster JP. Aseptic end-to-end intestinal anastomosis. Ann Surg, 1925, 81 (3): 646-69.

[6] Bowers JZ. Western Medicine in a Chinese Palace: Peking Union Medical College, 1917-1951. New York: The Josiah Macy, Jr. Foundation, 1972: 135.

年，已升任外科副教授的韦伯斯特离开中国，前往欧洲游学。

韦伯斯特于1933年在哥伦比亚大学开创了美国最早的整形外科医生培养项目，其间先后有中国医生张先林（PUMC 1929届毕业生）于1936—1937年[①]、汪凯熙（PUMC 1934届毕业生）于1945—1947年参加培训。虽然直到1952年协和医院才在大外科中成立相对独立的整形外科组，但在此之前他们一直开展着整形外科方面的临床工作。1949年以前，《博医会报》和《中华医学杂志（英文版）》上共有27篇与整形外科有关的学术文章，其中六篇来自协和医院[②]。

上海整形外科学习班

韦伯斯特于1948年再次来到中国，在上海开办了中国现代医学史上第一个整形外科学习班（以下简称学习班）。学习班原计划为八周，后因国民党军队在淮海战役溃败以及上海局势混乱等原因缩减为六周[③]。学习班从全国选拔学员13人（名单见下页表），上课地点位于国立上海医学院附属中山医院（今复旦大学附属中山医院）和国防医学中心（今第二军医大学校本部），由汪凯熙担任助手[④]。韦伯斯特为教学做了精心的设计和安排，八周的课程包括讲座、实验室研究和临床实践，他还带来了与整形外科相关的影像资料和幻灯片。当时，这样的学习机会非常难得，《中华医学杂志（英文版）》专门为此发表了社论称赞韦伯斯特。学习班结束后，每一位学员还领到一套手术器械和若干专业书籍[⑤]，而许多学员在中国建立整形外科临床科室中起到了重要作用。

[①] 张故教授先林手稿。台北：国防医学院（内部出版）。

[②] 孔繁祐：我国整形外科溯源及其早年发展概况。《中华医史杂志》，2000年第30卷第3期，第138-141页。

[③] 刘似锦：《刘瑞恒博士与中国医药及卫生事业》。台北：台湾商务印书馆，1989年，第191页。

[④] 韦伯斯特于1948年10月5日写给Dr. Thomas W. Stevenson 的信。

[⑤] ABMAC. Medical notes and news. The Chinese medical Journal, 1948, 66（9）：521.

1948 年上海整形外科学习班学员名单

编号	单位	姓名
1	上海	Ying-wei Su
2	中央大学医学院	Liang-nun Wang（汪良能）
3	北京大学医学院	Hung-ying Chu（朱洪荫）
4	湘雅医学院	Chia-chen Tang（唐家骏）
5	兰州	W. C. Chen
6	华西协合大学	D. Y. Dzen（曾子耀）
7	齐鲁大学医学院	Nai-kwang Chen
8	军队	Tien Yu-tao（田裕泰）
9	国防医学中心	Ti-sheng Chang（张涤生）
10	国立武汉大学医学院	Yu-teh Chou（周裕德）
11	福建省立医院	W. J. Li（李温仁）
12	不详	C. H. Liu
13	不详	C. H. Yang

注：该表从 Letter from Jerome P. Webster to T. Y. Tai 中辑出，原文为英文，中文姓名和部分单位名称由张涤生补充。

韦伯斯特爱好历史和艺术，即使是在针对临床医生的学习班里，也没有忽视整形外科学发展史的教学。第一节课他就向学员们讲述了整形外科学的历史。学习班结束后，汪良能在韦伯斯特的帮助下，于 1949 年 2 月赴美专攻整形外科[①]。1948 年 12 月 16 日，中华民国教育部副部长杭立武给韦伯斯特寄去感谢信。信中说道：

我谨代表教育部向你致以诚挚的谢意。感谢您为推动整形外科学作为一门新的医学分支学科在这个国家的建立做出的宝贵贡献，您已经为它奠定了一个坚实的基础。

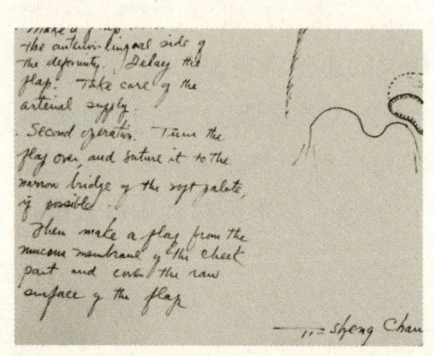

图 3-6　1948 年张涤生参加上海整形外科学习班的试卷[②]

杭立武的来信表明，在韦伯斯特来到中国时，整形外科学并不为教育部的官员所了解，至少教育部并没有意识到这是一门新的医学分支学科。

[①]　钟法权：《那一年，这一生——汪良能传》。北京：解放军出版社，2007 年，第 49 页。
[②]　陈穆郎提供，原件藏于美国哥伦比亚大学韦伯斯特整形外科图书馆。

韦伯斯特和学习班的影响

由于该学习班在中国整形外科发展史上的重要作用,近年出版的中文文献中有不少相关记载,但这些记载主要为学员的回忆[1][2]或其他整形外科医生的转述[3-5],因年代久远,在时间、地点和参加人员方面有不少模糊之处。据考证,学习班成员中朱洪荫、汪良能、张涤生是学界公认的中国整形外科学中的三位开创者。1949年9月,朱洪荫(PUMC 1943届毕业生)在北京大学医院(今北京大学第一医院)创建成形外科,这是北京大学第三医院成形外科的前身;汪良能于1954年回国,并于1955年4月创建第四军医大学西京医院整形外科;张涤生于1961年5月在上海建立广慈医院整形外科(现为上海交通大学附属第九人民医院整复外科)。这三位学习班的学员分别在各自的工作岗位上成为领军人物,为中国现代整形外科的创建做出了突出贡献。

中国整形外科界的另外一位开创者宋儒耀于1942年由中国政府资助前往美国学习整形外科,并于1948年获得宾夕法尼亚大学博士学位后回国,在他的推动下,1957年中国医学科学院整形外科医院得以成立。朱洪荫、汪良能、宋儒耀和张涤生他们开创的这四家整形外科单位"可以说是中国整形外科最早建立的机构"[6]。

---

[1] 张涤生:整形外科回眸百年及新世纪展望。《中华外科杂志》,2002年第40卷第7期,第485-486页。

[2] 张涤生:《张涤生院士学术述评集》。上海:上海交通大学出版社,2007年,第40页。

[3] 钟德才:整形外科的发展与战伤处理。《人民军医》,1997年第40卷第2期,第86-87页。

[4] 孔繁祜,牛星焘:《北医三院成形外科60周年》。北京:北京大学医学出版社,2009年,第2页。

[5] 王炜:中国整形美容外科的历史与发展。《中华医学美学美容杂志》,2007年第13卷第1期,第50-52页。

[6] 张涤生:我国美容外科的发展和展望。见:张涤生著,《张涤生院士学术述评集》。上海:上海交通大学出版社,2007年,第37页。

第三章 结缘名师

需要澄清的事实是，中国的整形外科技术在韦伯斯特来华以前已经有了初步的发展，20世纪30年代初倪葆春曾在上海同仁医院建立了整形外科门诊[1]，开展了两侧眶下神经阻滞代替全身麻醉法行唇裂修复术；1948年，宋儒耀曾在四川开展整形外科工作[2]。此外，几位学员在学习班以前也并非对整形外科技术毫不了解，比如张涤生师从张先林学习植皮术和做皮管成形术；朱洪荫也师从司徒展（PUMC 1933届毕业生）学习手烧伤后瘢痕挛缩的矫治。

回顾历史，我们可以看到现代整形外科技术通过协和医院的建立和上海整形外科学习班的开设得以在中国广泛传播，并生根发芽。当然，这只是现代整形外科技术传入中国的路径之一。在中国现代整形外科的创建过程中，既有从西洋向中华主动传播者，亦有从中华向西洋积极学习者，倪葆春、张先林、汪凯熙和宋儒耀就是后一条传播路径的代表。

仅仅六周的学习班所起的作用是有限的，更多的作用应该是增长见识、启发思想的过程。回顾韦伯斯特在中国的经历，应该肯定韦伯斯特为中国医学事业，特别是整形外科事业做出的贡献。他协助建立了正规的外科住院医师制度，引入了现代整形外科技术，帮助中国培养整形外科医生，撒下了中国整形外科发展的种子[3]。他不仅在美国整形外科建制化过程中举足轻重，而且在中国的整形外科发展史上颇有贡献。学习班以后，中国整形外科的临床科室首先在北京、上海等大城市建立起来，为中国整形外科事业的发展奠定了基础。曾有学员在给韦伯斯特的信中这样写道"you may not be able to see any result of your effort now, but you have sown the seed and only time will tell"[4]（或许你并不能亲眼见到你努力的成果，但是你已经播下了种子，时间会证明一切）。这大概就是对韦伯斯特在中国整形外科史上所起作用的最好诠释。

---

[1] 陆明：上海近代西医医院概述，《中华医史杂志》，1996年第26卷第1期，第19—26页。
[2] 四川省地方志编纂委员会编，《四川省志：科学技术志（下册）》。成都：四川科学技术出版社，1998年，第817页。
[3] 张涤生：现代美容外科之我见。见：张涤生著，《张涤生院士学术述评集》。上海：上海交通大学出版社，2007年，第40页。
[4] 周裕德写给韦伯斯特的信。

第四章
创业维艰奠基础

20世纪50—60年代，从美国回来又历经抗美援朝的张涤生开始奠定他事业的基础，抗美援朝让他找到了专业的方向，修残补缺，为民造福；抢救邱财康又让他获得了意外的发展机遇，将整形外科与烧伤外科结合起来；随着技术的进步，他又向着显微外科进军，可惜"文化大革命"让他的脚步中止了。张涤生在这一时期虽然辛苦，但收获颇多。

抗美援朝业绩彰

1948年张涤生回到了上海国防医学中心。这一年他参加了由美国整形外科医师韦伯斯特主持的整形外科学习班。由于战局日益紧张，国防医学中心奉命迁往台湾，刚刚结束动荡生活的张涤生不愿意跟随腐朽的国民党政府去台湾，选择留在上海同济医院工作。

可是安定的日子没过多久，1950年6月25日，朝鲜战争爆发。1950年10月19日晚，中国政府组建中国人民志愿军，跨过鸭绿江，开赴朝鲜。在"抗美援朝、保家卫国"运动的推动下，全国各地很快组成许多医疗

图 4-1　1948 年 9 月张涤生在上海同济大学医学院附属中美医院（现同济医院）留影

队[1]。上海的医务界也行动起来，于 1950 年 12 月 15 日成立了上海市医务工作者抗美援朝委员会，并提出组织志愿医疗手术队支援前线，全市以同济医学院、上海医学院、私立医院和市立医院分别组成三个手术大队。张涤生和林竟成教授、陶恒乐教授都积极踊跃地报名参加[2]，张涤生为此甚至将婚期都推迟了。短短半个多月的时间，同济医院即组成了拥有 113 位工作人员的上海市抗美援朝第一医疗手术大队，其中医师 76 人，护士 22 人，医技人员 5 人，技工 5 人，其他人员 5 人，参加人数居上海市三个医疗手术队的首位。中美医院院长林竟成任总队副队长兼第一大队大队长，张涤生、陶恒乐和汪力任副大队长，张涤生兼任面颌外科顾问。

此时，朝鲜的战情十分危急，以美国为首的"联合国军"拥有现代化的装备，又无耻地使用凝固汽油弹、化学武器和细菌武器，加上冬季寒冷、夏季雨水多等客观困难，中国志愿军的伤亡惨重，负伤人数共计 322769 人，伤类中排前两位的为炸伤和枪伤，分别占 61.6% 和 17.0%，冻伤、烧伤和毒气伤分别占 11.1%、1.8% 和 0.1%[3]。曾参加过北京市抗美援朝手术队的整形外科医师孔繁祜回忆道：

---

① 中国人民解放军总后勤部卫生部《抗美援朝战争卫生工作总结：卫生勤务》，北京：人民军医出版社，1988 年，第 291 页。
② 同济医科大学附属同济医院：《同济医院志：1900-1990》。内部出版，1991 年，第 15 页。
③ 中国人民解放军总后勤部卫生部《抗美援朝战争卫生工作总结：卫生勤务》，北京：人民军医出版社，1988 年，第 411 页。

造成士兵器官缺损的原因有三个，冻伤、烧伤和爆炸伤。烧伤主要是因为美国使用凝固汽油弹；冻伤是因为战争突然打响，好多保暖装备一时供应不及、赤脚过河造成的。冻伤的伤口不容易愈合，特别影响走路。①

凝固汽油是一种燃烧时像沥青似的黏性燃烧体，炸开时分散出很多燃烧的碎片，碎片也有黏性，粘在身上继续燃烧，这种烧伤以面部及手部等暴露部位多见。面部烧伤后病人面部畸形，手部烧伤后无法劳动，病人既不能参加正常的生产劳动，又要面对巨大的精神压力，无法融入社会。第二军医大学1951—1954年收治了44名烧伤晚期瘢痕及瘢痕疙瘩病员46例，除两例为普通烧伤外，44例都是被汽油弹烧伤造成的②。

1951年1月25日，上海志愿手术队离开上海，启程前往东北。全市医务工作者于午后一起举行游行欢送，成千上万的市民夹道欢呼，两万多人的欢送队伍浩浩荡荡地游行到火车站。上海志愿医疗手术队于1月29日抵达沈阳。志愿军总后勤部卫生部安排第一大队到长春军医大学（现为吉林大学白求恩医学院），在后方救治伤员和培养医学人才。2月3日，第一大队到达长春军医大学，2月10日正式开始工作。医护参加查房，以教学结合医疗，军医大与医疗队混合工作，帮助建立骨库，解决了战伤修复植骨问题，并帮助建立了外科常规制度、医生查房制度、总住院医生制度，使长春医大外科学院走上正轨。同时还帮助开展了骨科、腹部外科、胸外科等各科手术，如战伤假关节的治疗、脊椎融合术等。医疗队员工作不计时间，带病为伤病员服务，得到长春医科大学和志愿军领导部门的赞扬。1951年8月1日，长春军医大学召开庆功大会，并举行晚会和聚餐欢送③。

由于身处抗美援朝战场的后方，且当时中国并没有形成完善的战伤救

---

① 同济医科大学附属同济医院：《同济医院志：1900-1990》。内部出版，1991年，第15页。
② 孙继恩，华积德：烧伤性瘢痕挛缩畸形。《人民军医》，1954年第4卷第5期，第307-315页。
③ 同济医科大学附属同济医院：《同济医院志：1900-1990》。内部出版，1991年，第15-16页。

第四章　创业维艰奠基础

治机制，很多病人都被分散到各个医院，可供张涤生治疗的病人不多。张涤生决定自己去寻找病人，用了四个月时间将病人集中起来，开办了中国第一个战伤、烧伤和冻伤士兵的治疗中心。张涤生回忆道：

> 1951年年底，上海市组织第一批抗美援朝的手术医疗队上鸭绿江边抢救、治疗伤员。我参加了这个手术医疗队。到了东北发现没有病人，因为伤员从朝鲜过鸭绿江都被分散到东北各地了。所以我去了没有事情做，找不到我的病人。后来得到抗美援朝总后勤部的批准，到各个后方医院去调查研究。我跑遍了东北，甚至跑到了黑龙江的最远的地方漠河。我花了四个月的时间筹备，把全东北颌面烧伤、冻伤的病人都集中在长春，在白求恩医学院建立了中国第一个整形外科治疗小组，一共50张床。……1952年，我们在长春待了七个月，整个医疗大队任务完成要回来。我的整形外科中心建立才三个月，正在担心没有办法交给谁的时候，很巧的是宋儒耀从美国回到华西大学，大概他也听说了抗美援朝前线可以做整形外科手术，所以带了十几个人到了东北。正好我们要走，所以我把单位交给他了。

1949年以前，多数医师是内外科兼治，现代医学的分科并不明显[①]。虽然张涤生在后方医院服务的时间并不算长，但是他建立专科治疗中心的先进想法在战后得到了国家和军队的认可。时任军委总后勤部卫生部部长的孙仪之在《抗美援朝战争卫生工作几点经验体会》中写道：

> 现代化战争由于杀伤武器的发展，而致伤亡大、重伤多、伤情严重复杂。这种新的情况，沿用老的"转运式的后送，一般化的治疗"是不行的。而必须要学习苏联及其他国家的先进经验，按伤科分类，采取"分类指定后送，专科治疗"，才能使战伤得到合理的优良

[①] 外科作为一门学科在中国的建立可以追溯到1937年中华医学会第十二次大会，在这次大会上成立了中华外科学会，并选出首任会长牛惠生。

治疗……在抗美援朝战争中，由于专科人才少，房屋及运输条件的限制，加之对专科化优越性还缺乏认识，所以没能组织分设各种专科医院，实行高度的"分类指定后送，专科治疗"。前方在这样的情况下，采取了初步的按伤病情轻重分类后送，后方则采取了重点的专科治疗，从这个过程中体会到高度专科的必要性……根据这个经验体会，平时即须要有计划地培养各种专科人才，以备战时配备组织专科医院，实行"分类指定后送，专科治疗"。

抗美援朝战争以后，在中央军委的大力支持下，中国开始注重整形外科临床机构的建立、专业书籍的出版和专业人才的培养，对此张涤生总结道："我国在抗日战争、解放战争到抗美援朝三次战争中产生了较多战伤病员，我国老一代的少数外科专家师从美国整形外科前辈，归国后为广大伤员进行修复重建，以恢复伤员的外貌和肢体功能，从而使我国整形外科脱颖而出，得到发展"[1]。但是，对于战伤士兵的救治主要是在北京等地进行，对上海的整形外科影响较小。上海整形外科的真正飞跃是在1958年大炼钢铁以后。

1950年，中央政府决定同济大学医学院及附属医院迁往武汉。在近四年的筹迁过程中，在上海同济医院工作和上课的教授每年都要轮流去武汉讲课，张涤生也不例外。1955年6月，武汉的新医院已颇具规模，迁校任务几近完成，而张涤生则留在了上海广慈医院工作，担任口腔颌面外科主任。

抢救邱财康

现在医学界普遍认为中国的烧伤医学是在1958年上海广慈医院（今上海交通大学医学院附属瑞金医院）成功抢救钢铁工人邱财康之后发

---

[1] 张涤生：《张涤生院士学术述评集》。上海：上海交通大学出版社，2007年，第8页。

展起来的。大炼钢铁运动导致烧伤病人的数量猛增，在抢救过程中，外科医生积累了较丰富的大面积烧伤的经验和知识，在抗休克、抗感染和创面处理方面逐渐建立了一套适合当时中国国情的治疗措施，烧伤治愈率明显提高。与此同时，烧伤事故的频频发生也间接推动了中国整形外科学的发展，因为不仅烧伤早期需要利用整形外科医生所擅长的植皮术来覆盖创面、避免感染，烧伤后期的瘢痕挛缩也需要整形外科技术的治疗，所以大炼钢铁成为中国现代整形外科学发展史上一个意想不到的促进因素。

抢救邱财康经过

1958 年 5 月，全国开始大炼钢铁。钢铁工人在炼钢炉前日夜奋战，同时煤炭工人在深坑道中采掘煤层，忙中难免出错，事故频繁发生。上海第三钢铁厂发生了钢铁工人邱财康被严重烧伤的重大事故[①]，厂方立即把受伤工人送到广慈医院急诊室，值班医生[②]初步估计他的烧伤面积达 90% 以上[③]，这样大面积的烧伤在中国是首例，而且在全世界的医学文献中，也没有一个类似的救活案例。

在当时，抢救邱财康不但是一个治疗问题，更是一项政治任务，因此上海第二医学院党委和广慈医院党委立刻组织了一个抢救小组，由普外科

[①] 事故发生在 1958 年 5 月 26 日深夜，急诊入院时间为 27 日凌晨 1 点。事故原因为推车驾驶员离开工作岗位，违反操作规程，将 10.5 吨的铁水倾倒在地上。当时包括邱财康在内一共有三位烧伤病人。其中一位病人烧伤面积为 20%，伤势较轻，另一位叫刘四小的病人烧伤面积达 94%，于烧伤后第 11 天死亡。

[②] 外科急诊值班医生为陈藏华，第二值班主治医生为张天锡。

[③] 最终确定邱财康的烧伤面积为 89.3%，全身除头皮、两个臂膀、腰部皮带束着的一狭条及两只脚底外，全部被烧伤。伤处绝大部分是深二度烧伤，其中三度烧伤占 22% 以上。1958-1965 年，广慈医院收治了 43 位三度烧伤在 20%-24% 的患者，其中死亡 11 例，死亡率 25.6%；44 位三度烧伤在 50% 以上的患者，死亡率 97.7%。

董方中[①]任组长，史济湘[②]任副组长，张涤生作为抢救小组成员之一。此外，青年外科医师陈德昌[③]、朱德安[④]，麻醉科主任李杏芳[⑤]（董方中的妻子）也参加了这个小组，加上一个得力的青年护理班子共十多个人。

邱财康被送到广慈医院后，为了治疗上的方便，临时借用了当时较空闲的传染病房，将其改为烧伤隔离病房。一开始，邱财康是广慈医院收治的唯一的严重烧伤病人，但之后的一个月里，烧伤病人越来越多，共收治了五六名严重烧伤病人[⑥]，当然这时的重点还是放在邱财康身上，他是重中之重。按照传统烧伤治疗的观点，严重烧伤后病人要过三关：休克关、感染关和植皮关。在最初两三天里，安全度过休克关是非常关键的。因为烧伤后创面大量体液（包括蛋白质和水分）流失，而以往外科医师一般都按照传统的伊文思公式（Evans Formula）[⑦]来计算病人的血浆和生理盐水输入量，但这个公式仅适用于烧伤面积小于50%的情况，像邱财康这么大面积的烧伤，按照既往公式补液肯定是不够的。他的情况非常危险，如果在第一时间过不了休克关，就无法谈及下面的治疗。那时，大家都没有经验，除了严密观察病人的血压、脉搏、呼吸外，都主张打破常规，适当地多输入液体特别是血浆，以维持正常的血容量，部分液体的输入还可以采用口服方法。在这么严重的烧伤病人身上找一条静脉输液不是容易的事情，大家商定在腹股沟下方切开皮肤找出大隐静脉，然后插入导管，直

[①] 董方中（1915–），外科专家，中国血管外科和血管移植的先驱。1941年毕业于上海圣约翰大学医学院，获医学博士学位。1942年赴美国学习。1947年回国后在仁济医院工作，1957年调往广慈医院。

[②] 史济湘（1921–2007），外科学烧伤专家，中国烧伤外科奠基者之一。1956年任广慈医院外科和麻醉科副主任。1961年起，结合国情建立烧伤专科，建设现代烧伤病房和发展大面积深度烧伤治疗技术，推动了中国烧伤治疗的总体水平。领导总结出适合中国具体情况的烧伤输液公式，摸索出大张异体植皮打洞嵌植自体小皮片的方法。

[③] 陈德昌（1932–），危重病医学专家，世界危重病医学会联盟中国代表。1953年毕业于上海第二医学院医疗系，1964年到北京协和医院基本外科工作，1984年创建协和医院综合性重症监护室。

[④] 朱德安（1931–2001），烧伤外科专家，曾任瑞金医院烧伤研究所副所长、中华医学会烧伤外科学会副主任委员。

[⑤] 李杏芳（1914–2011），中国现代麻醉学的先驱者与奠基人。

[⑥] 1958–1965年广慈医院共收治1573名烧伤病人。

[⑦] 1952年由美国著名烧伤专家伊文思提出的以体重、烧伤面积为计算基础的输液公式。

图4-2 1958年史济湘、戴自英、董方中、张涤生、邝安堃、张世泽（从左至右）认真查阅资料以抢救邱财康

达下腔静脉这条生命线，并且每四小时用1%的肝素冲洗一次，以防血栓形成。医生和护士日夜轮流守护在邱财康身旁，随时观察他的变化，调整输液补给以防血容量不足。四五个日日夜夜过去了，邱财康安然度过了休克关，未曾出现临危状态，在这难得一遇的病人和死神之间的搏斗中，病人获得了生命，医生获得了胜利。

接下来就是如何对付这么大面积的烧伤创面。当时正值初夏季节，邱财康的面部、四肢、背部和胸部都是深二度和三度创面，全身几乎找不到一处完整的皮肤。这么大的创面一旦发生感染，对病人造成的危害之大是显而易见的。抢救小组要做的第一步就是把病房隔离起来，制定一套医生护士进出病房的制度。由于老房子的局限性，医护人员每天上下班都是爬进爬出，爬进病房后，下到走廊换鞋、换衣、洗手才可以进入被称为"洁净病房"的病人房间。经过两个星期的简单改造，医护人员可以常规出入传染病房了，家属也可以在窗外探望邱财康。经过讨论，大家一致认为如果采用包扎疗法，分泌物极易浸湿敷料，创面难以保持清洁，容易诱发感染而引发败血症，且在胸背部同时烧伤的情况下，包扎疗法更是行不通；宜采用暴露疗法（幸好5月的江南气候已经相当温暖，只要给室内稍稍加温，病人就不会受凉）。

邱财康烧伤一周以后，全身创面开始溃破，大量渗出物外流，体温逐渐上升，出现败血症的初步迹象。皮肤有些区域脓液呈现墨绿色，治疗小组马上化验，证实是绿脓杆菌[1]。当时治疗这种细菌感染的对症良药是

---

[1] 或称铜绿色假单胞菌，是一种致病力较低但抗药性强的杆菌。广泛存在于自然界，是伤口感染较常见的一种细菌，能引起化脓性病变，感染后脓汁和渗出液呈绿色。

新型的多黏菌素，虽然化验科医生和技师投入大量人力和物力全力配合临床医生的要求，但细菌还是对多粘菌素产生了耐药性。在此期间，治疗小组还曾请细菌学教授余㵑[①]会诊，余㵑建议从病人的血液中培养获得致病菌，再从病人的致病菌中设法培养具有特异抗体的噬菌体，然后制成溶剂给病人作临床局部创面浸泡治疗。虽然这只是一种探索，但在当时"大跃进"的气氛下，细菌学系的同志们都被动员起来，在几天的时间内就制出供邱财康使用的噬菌体液[②]。

两周过去后，邱财康的全身创面逐渐出现了肉芽组织，到第三周前后，三度烧伤部分的死皮也几乎脱落了，败血症几次反复发作但都被控制，病人全身情况较为稳定。抢救小组都清楚早日应用植皮技术，覆盖创面，就可截断败血症的来源，病人就可重获生命，但邱财康除腹部有一块完整的皮肤外，可谓是"体无完肤"，因此应用异体皮肤[③]迫在眉睫。在广慈医院党委的同意下，抢救小组贴出布告，动员大家义务献皮。群众反应热烈，纷纷报名，许多医护人员也积极报名，但考虑到从一位健康人身上采集皮肤不但会损伤体表完整，还需住院三周以上，会给献皮的志愿者带来不少痛苦。最后，领导同意抢救小组征求刚刚死亡的病人的家属意见[④]，希望家属同意献出遗体，让医生在尸体上采皮。因为采皮是张涤生的专长，这项工作就由他来负责。张涤生带领一位青年医生和一位护士开始在尸体上采集皮片，并把多余的皮片冷藏起来，建立了一个"皮肤库"。

---

　　① 余㵑（1903-1988），细菌学家、微生物学家、免疫学家。1923年毕业于北京医学专门学校，中国第一位细菌学博士，国际免疫药理学会的创始人之一。时任上海第二医学院微生物学系主任。

　　② 在邱财康的右腿出现感染使用多黏菌素无效后，余㵑提出用噬菌体来治疗。7月1日，噬菌体液被用到邱财康的右腿上，"出现了奇迹，不到24小时，化脓现象开始消退了"。参见：中共上海第二医学院委员会宣传部，《一面共产主义红旗——记上海第二医学院附属广慈医院抢救钢铁工人邱财康的事迹》。上海：上海人民出版社，1958年，第32页。

　　③ 即同种异体皮移植。同种异体皮移植虽不能长期长久存活，但取其短期存活的性质，于抢救大面积深度烧伤且自体皮源不足时用于封闭创面，避免感染。

　　④ 关于此事的记述：正当医生要对三位志愿者取皮时，一位患精神病的病人从高处跌落送至医院后死亡。医院在征得家属同意后，对患者进行取皮。参见：中共上海第二医学院委员会宣传部，《一面共产主义红旗——记上海第二医学院附属广慈医院抢救钢铁工人邱财康的事迹》。上海：上海人民出版社，1958年，第29页。

从尸体上取皮对张涤生来说是生平第一次，为了避免不良影响，他们都是在夜深人静的时候进行采皮。为了增加皮源，他们经常连续工作三四个小时，往往到了后半夜才拖着疲惫的身躯回家休息。后来病人多了起来，异体皮肤的需要也随之增加，为此，他们曾一夜之间连续从三个尸体上采集皮片。

与此同时，治疗小组使用大张异体皮片覆盖邱财康创面，并且打破植皮常规，不予加压包扎，但没过几天，新植的皮片大部分脱落。他们只能不断更新，换上新皮片。为了防止皮肤感染和褥疮的发生，抢救小组使用了翻身床。翻身床由钢管制成，使用十分方便，这也是我国烧伤治疗史上第一张翻身床。他们每小时为邱财康翻身一次，先是背部向上面部朝下，时间一到便翻转身来，使胸腹部向上，这给治疗带来了意想不到的方便。同时为了避免下肢特别是右下肢受压，抢救小组应用了骨科使用的牵引装置，把下肢腾空吊起，以暴露下肢四周组织。在病人自身抵抗力不断增强以及医护人员的照顾下，邱财康的创面上终于出现了肉芽组织，这是皮肤生长出新皮的迹象。此后，抢救小组又设计了一个治疗方案，即在大张异体移植皮片移植成活后，去掉约一平方厘米的异体皮而代替以新鲜采集的邱财康的自体皮片。就这样邱财康的双下肢创面终于在异体皮和自体皮相互替代的过程中获得了治愈，但这已是他烧伤后两个多月的事了。一道道难关终于过去，邱财康逐渐进入康复阶段，医护人员的重担也慢慢缓解下来。

图 4-3 1964 年受卫生部嘉奖的参加抢救邱财康的医护人员合影
（前排左三起至右：邝安堃、余㵑、关子展、倪葆春、刘涌波、傅培彬、史济湘、张涤生）

经过 100 多天的日夜奋战与合力抢救,邱财康终于转危为安,可以出院休养了。在这 100 多个日日夜夜,医护人员付出了超乎常人的努力,各界群众也从多方支持,中国的医生创造了中国医学史上的奇迹,这一成就也为国际烧伤学会所承认,被永远记在世界烧伤医学的发展史上。周总理后来亲临上海,接见了所有参加抢救的医生和护士并给予表扬嘉奖。1972年,中央卫生部补颁了参加人员的各级奖励[①],董方中和史济湘获一等奖,张涤生获二等奖。50 多年过去了,邱财康依然健在,而当时参加抢救工作的医生和护士却大部分离世,只剩下张涤生继续活跃在医坛,奉献夕阳。

截手之争

在抢救邱财康的过程中,治疗小组团结一致,群策群力,每个步骤、每个新措施都经过集体讨论,最后由组长决定。虽然名义上董方中是组长,史济湘是副组长,但实际上史济湘是专职组长,拥有最终决定权。在抢救邱财康的过程中,他处于主导地位,领导整个团队,硬把邱财康从死神手中夺回。应该说,史济湘是一位很干练直性、敢于发表己见、突破常规、敢说敢做的外科医生。但人无完人,在这段紧张的抢救过程中,史济湘确实出现过于相信自己、不考虑别人正确意见的缺点,特别是在邱财康的左手治疗问题上。邱财康的双手是深二度烧伤,左手尤其严重,一时难以愈合。就在败血症屡发不止的情况下,史济湘提出败血症源于左手、应该把左手截除的意见,但张涤生认为虽然左手出现严重感染,但在全身创面未愈合的情况下,左手的感染毕竟还只是极小部分,而且手部感染的程度并非非常严重且局限在上肢末端,将全身败血症怪罪于左手是没有充分

[①] 卫生部于 1964 年 1 月 21 日下午在北京隆重举行授奖大会。大会授予广慈医院集体奖金;授予广慈医院外科、灼伤护理小组和检验科集体荣誉奖状各一面;给予有功人员董方中、杨之骏各记大功一次,并授予他们荣誉奖状各一张、《毛泽东选集》各一部和其他奖品;给予有功人员傅培彬、戴自英、史济湘、陈德昌、朱德安、张涤生六人各记功一次,并奖给《毛泽东选集》一部和其他奖品;分别奖给有功人员李杏芳、李利伯、殷增雪、方树岚、奚德娟、顾耀平、印丽华、裘月波、裘幽玉、杨耀钧等《毛泽东选集》和其他奖品。参见《人民日报》,1964 年 1 月 22 日第 3 版。

依据的,但史济湘没有听取他的意见,最终把邱财康的左手截除了[①]。

1962年,张涤生同马永江、史济湘、高学书、戴自英、黎鳌等专家前往江西南昌抢救严重烧伤病人马传武。那时他们已经积累了丰富的烧伤治疗经验,故抢救工作进展得比较顺利。事有凑巧,病人的情况与邱财康很相似,双手烧伤后出现了局部感染和全身败血症,史济湘再次提出截手的建议。因为有了邱财康的治疗经验,张涤生坚持己见,要求保留病人右手,并赢得了大家的同意。这次张涤生胜利了,在全身康复的同时,病人的右手被完整地保留下来。一年后,马传武到广慈医院整形外科进行了手的功能性修复手术。

抢救邱财康事件的余波

邱财康烧伤事故是在特殊的社会环境下发生的。"大跃进"是一场违背经济规律的政治运动,对中国的经济发展产生了不利影响。在"超英赶美"的口号与"高指标、瞎指挥、浮夸风和共产风"的"左倾"错误之下,全国各地陷入了不切实际的狂热之中,以邱财康为代表的在"大炼钢铁运动"中的烧伤患者无疑是这场运动的受害者。不过福祸相依,要是没有短时间内出现这么多烧伤病人,没有当时狂热的政治气氛,很难说中国的烧伤外科和整形外科技术能否取得如此大的进步。当时中国的医学水平落后于发达国家。邱财康的烧伤程度也确实非常严重,要想救活他,就等于一下子赶上甚至超过医学领域的国际先进水平。在财力物力都十分匮乏的条件下,要想创造这样的奇迹,只能将全社会的力量全部调动起来。要完成这个目标,没有中国共产党的坚强领导,确实是难以做到的。虽然在短时间内为了邱财康这一个病例需要花费大量的资源和精力,但是一旦取

[①] "6月10日中午,医生们发现老邱的左手化脓很凶,手掌、手背上都有大量脓液产生,组织坏死已经到了不可恢复的地步。在这种情况下,必须截去左手",但就在同一篇文章中,作者也不得不承认在邱财康左手被截后,"败血症还是没有控制住",后来通过将绿脓杆菌疫苗注射在健康志愿者身上,将含有抗体的血液再输给邱财康才逐渐控制了感染。参见:中共上海第二医学院委员会宣传部,《一面共产主义红旗——记上海第二医学院附属广慈医院抢救钢铁工人邱财康的事迹》。上海:上海人民出版社,1958年,第31页。

得突破，将产生巨大的积极影响。这一点在之后全国范围内抢救严重烧伤病人所取得的惊人成果上表现了出来。所以，虽然"大跃进"这一历史事件对经济造成了严重的不良后果，使以邱财康为代表的"大炼钢铁运动"导致的烧伤患者付出了肉体上的极大痛苦，甚至付出了生命，但是在烧伤外科和整形外科发展史上，这一系列事件的发生却促成了烧伤外科和整形外科在这一历史阶段的某种"跃进"。

成功抢救邱财康是医学界一个突破性的进展，其成功经验也对抢救其他烧伤病人起到了促进作用。全国各地的医院纷纷向广慈医院学习，救活了许多烧伤、烫伤病人，其中有的医院条件并不好，但还是想尽办法创造了奇迹。如北京市通州区医院设备简陋，没有血库和细菌培养室，仅有的两名专职医护人员日夜不离病室，一个人干好几个人的工作，救活了一位因火药爆炸烧伤85%（二度占60%，三度占20%）的化工厂工人。如果没有邱财康这一病例的鼓励和刺激，像这种条件有限的基层医院往往会选择将病人转院了事。天津市第一中心医院救治了被60%火碱溶液烫伤的病人，烫伤面积89.5%，其中三度烫伤60%，加上深二度达75%；河北省宣化医院救治被100℃沸水烫伤，二度烫伤面积94%的工人；南京第一医学院附属医院收治22例严重烧伤病人，救活21例；杭州市第一医院救活两名因蒸汽锅爆炸烫伤的两名职工，烫伤面积分别为75%和45%；安徽省立医院救治烧伤面积达97%的病人，其中三度烧伤约15%；淄博市第一医院抢救被硫酸铝烫伤的病人，烫伤面积达88%。诸如此类的病例还有很多。大部分抢救报告和总结中都提到受到上海广慈医院成功救治邱财康事件的鼓舞，不仅医护人员充满干劲，而且医院党委也像抢救邱财康一样成立了总体负责的领导团体，领导大家克服种种不利条件，救活了病人。可见，抢救邱财康为全国各地的医院树立了一个标杆，使广大医护工作者受到鼓舞，充满了创造奇迹的信心；又给客观条件不利的医院提供了一个弥补的办法，就是在党委领导下群策群力，以人民战争的方式克服困难，救活病人。

在具体的技术问题上，抢救邱财康事件也积累了大量可供借鉴的经验。广慈医院总结严重灼伤后的关键问题有三：一是休克，二是感染，三是植皮。对于休克问题，使用长期小量冬眠药物应对，并创造出一些补液及调整电解质和酸碱平衡的方法；对于控制感染，除严格执行隔离制度、遵守无菌操作以外，对局部感染创面细菌的认识与抗生素的选择应用有了新见解，并采用中药来控制三度灼伤面的感染以及加深二度创面上皮的生长；关于植皮，三度灼伤面的焦痂应在分界线明确后即刻切除。如焦痂已有感染，则可在有效抗生素的保护下手术切除，或合并应用中药及浸浴法促使焦痂脱落。焦痂脱落后，可用噬菌体做创面的快速准备工作，随即进行异体皮肤或自体皮肤的移植。

在治疗过程中，有不少适合中国国情的创造。比如在严重灼伤病人身上试用中药，用含有麻油和黄蜡的灼伤药膏可以大大减轻病人疼痛，而且容易剥离，换药时不会造成出血和疼痛；用药后肉芽面鲜红清洁，可为早期植皮提供有利条件，抹上中药的深二度创面表皮生长极为迅速。三度灼伤面上的焦痂用了去腐生肌散后，第二天就开始软化，三天后全部分离。病人不用再忍受每四小时湿敷换药的苦恼和剪除坏死组织的痛苦。由于中医方法简单易行、成本低廉，不需要特殊隔离条件和大量物资消耗，因此成为当时一个很受瞩目的领域，有很多中医医院进行了相关研究和总结。例如，对烫火伤的处理，在外治方面可用2%黄连水或2%黄柏水洗涤创面；用清凉膏（石灰水与麻油调成糊状）、2%黄连溶液湿敷、鸡蛋清加冰片与4%—5%炼蜜调擦等方法治疗初度烧伤；用水火烫伤膏、黄连膏、玉红膏等治疗重烧伤；用去腐生肌散、生肌膏、玉红膏、三石散、鸡皮移植手术等在腐肉脱除后生肌收口。

1958年10月，邱财康治愈出院，但"大跃进"仍在进行，烧伤事故屡屡发生，全国各地医院先后收治了大量个别或群体烧伤病人。他们或慕

图4-4 1959年在陕西安康县医院抢救严重烧伤病人后留影（右二为张涤生）

名来广慈医院求援，或要求派出抢救治疗小组去协助开展治疗工作。这样史济湘和张涤生还有其他少数医师便分赴各地协助治疗。

1959年，张涤生带领一位化验科技师先后赴北京、齐齐哈尔、商丘、郑州、开封和徐州等地治疗，几乎跑了北方大部分地区。这一年中，张涤生一大半时间在各地会诊。对他来说，这既是一个学习过程，又是一段磨炼意志的过程。

中西医结合显奇效

奠基淋巴外科

淋巴循环系统是人体血液循环系统以外的另一个重要的体液循环系统，像遍布全身的血液循环系统一样，淋巴循环系统也是一个网状的液体系统，由淋巴管道、淋巴器官、淋巴液组成。其中，淋巴液是由组织间液进入毛细淋巴管生成的，组织间液则由毛细血管中的血浆滤过血管壁生成。淋巴液通过毛细淋巴管汇集到淋巴管，全身集合淋巴管最后汇合成胸导管和右淋巴导管，并分别在两侧锁骨下静脉和颈内静脉汇合处进入血液循环。

淋巴系统疾病最常见的症状是肢体出现淋巴水肿肥大，它表明机体某些部位淋巴液回流受阻，软组织液在体表反复感染后皮下纤维结缔组织增生，脂肪硬化。其病因有淋巴管先天性发育不良（原发性淋巴水肿），更多的则是因淋巴管或淋巴结阻塞产生（继发性淋巴水肿）。在淋巴系统疾病中，肢体慢性淋巴水肿是亚洲、非洲、中东地区的常见疾病。根据国际淋巴学会1980年统计结果，全球约有1.4亿人患有各种类型的淋巴水肿，其中4500万人的病变发生在下肢。导致肢体慢性淋巴水肿的先天性原因是淋巴系统发育缺陷，后天性原因主要是丝虫（班氏丝虫和马来丝虫）[①] 感

[①] 丝虫（filaria）是由吸血节肢动物传播的一类寄生性线虫。成虫寄生在脊椎动物终宿主的淋巴系统、皮下组织、腹腔、胸腔等处。

染，因丝虫成虫好聚集在下肢淋巴管内，阻塞了淋巴回流，进而导致淋巴液淤积。患者临床表现主要有表皮过度角化、皮下组织增厚、肢体增粗、皮肤增厚，扪之坚实如大象皮肤，故俗称"象皮腿"。病情严重者，除肢体增粗外，还伴有丹毒样发作，表现为阵发性全身高热，每月发作1—2次，此后病情逐渐加剧，皮肤出现疣状增生或慢性溃疡，导致肢体残废，丧失劳动能力，极少数病例可死于严重的并发症。据世界卫生组织报道，丝虫淋巴病是全球第二致残病因。

慢性淋巴水肿的治疗以英国 Charles 皮肤脂肪筋膜切除术和 Thompson 筋膜下引流手术以及希腊 Kondoleon 手术最为闻名。Kondoleon 于1912年提出将"象皮腿"患者肿胀的小腿皮肤及皮下组织做部分切除直达小腿筋膜层，然后予以缝合以缩小周径。当时这个手术被世界各国许多医师采用。张涤生曾经在20世纪60年代与高学书一起做过上百例的 Kondoleon 手术，但是他很快发现了这种手术的缺陷，即 Kondoleon 手术只能暂时缓解患者的症状并未解决淋巴回流障碍的真正病因，由于术后瘢痕挛缩和大量瘢痕组织的出现，肢体水肿很快复发甚至导致溃烂和淋巴液渗漏，可以说是"治标不治本"。

> 象皮肿是晚期丝虫病引起的。那时候，丝虫病在长江流域一带、华南、印度、中东、非洲很普遍。这种病人到现在还有很多。过去都是外科治疗，是一个希腊医生 Kondoleon 提出的方法，就是把肿胀的大腿切掉，然后植皮。植皮谁内行啊？整形外科医生内行，所以整形外科医生就专门做这个手术。那时我已经在同济医院工作了，我跟高学书医生[①]做了一百多例象皮肿开刀（治疗），但是效果不好，复发率很高。国外的效果也是一样，最后大家觉得 Kondoleon 手术不是个办法。[②]

---

① 高学书（1921-1987），浙江海宁人。1949年毕业于国立英士大学医学院，毕业后在上海第二军医大学第二附属医院从事整形外科工作。60年代初，在国内率先开展手和面部深度烧伤切痂植皮手术，创立了适合不同类型畸形的术式。是国内最早开展显微外科应用和研究的先驱之一。

② 张涤生访谈，2010年12月17日，上海。资料存于采集工程数据库。

既然外科方法行不通，那么有没有其他方法治疗象皮肿呢？解决病人的痛苦是医生的天职，张涤生暂时没了对策，陷入深深的思索中。

行文至此，我们需要特别提及张涤生的一项个人兴趣。他的这项个人兴趣与他开创烘绑疗法治疗淋巴水肿有关，与他自制瘢痕止痒软化糊剂有关，还与他开展国内首例胸骨裂的治疗有关。作为一名优秀的医学专家，喜欢读书是必备条件，否则无法跟上科技进步的快速步伐，但是与其他人不同的是，张涤生喜欢阅读专业领域以外的报纸杂志。在张涤生众多资料中有一本他在20世纪80年代亲手制作的剪报本，剪报本里每一页都贴上了他从报纸杂志上剪下来的各种消息报道，大多数与医药卫生有关。张涤生的这个习惯直到今天仍然没有改变。他的侄女讲述道：

> 订的报纸有《新民晚报》《科技时报》《文汇报》这些……他要了解现在国内外都发生了什么事情……经常看完和我们说，"这个事情怎么是这样的呢？"会发出一些疑问……比如说，现在我们看这一期的《新闻周刊》，讲到好多网络语言，这些语言是老年人无法理解的，比如最近的一句网络语言"恨爹不成刚"，如果不知道李刚事件是无法明白的。他看到这些报道十分不理解，还有"给力"，他就不懂啊，让我去解释什么是"给力"。①

正当张涤生苦苦思考如何更有效地治疗象皮腿之际，1963年的一天，他阅读《健康报》，发现了这样一则消息，称福建泉州市人民医院有一位老中医用砖炉加热烘烤及内服中药治疗象皮腿，效果良好。这是一个中国古人在长期的治疗实践中摸索出来的"土方法"。具体操作如下：先用砖块砌成外方内圆的土炉，炉内燃烧木柴20—30分钟，然后灭火即刻清除余灰，趁土炉尚温热时将患腿伸进炉内烘烤。温度的高低以病人的耐受力为度，一般在80℃上下为宜，不宜低于60℃，直到砖炉转冷为止，时间

---

① 张钒访谈，2010年12月15日，上海。资料存于采集工程数据库。

可维持一小时。烘烤完毕后，擦干患腿汗液，从脚趾到膝盖用弹力绷带畸形加压包扎。患者除了平卧睡眠外，应随时维持在包扎状态。看到这条报道后，张涤生灵机一动，心想造个砖炉多麻烦，天天生火，烟熏火燎的，又不好控制温度，显然没有用电方便。1964年，在一位技工师傅的帮助下，张涤生制备了一台电热烘疗器用于治疗象皮腿。电热烘疗器可用调节器控制温度，病人可根据自己的耐受力来自行调节，最低不低于60℃，一般维持在80—100℃。个别病人可耐受至120—130℃。每天治疗一次，每次一小时，连续20次为一个疗程。治疗后同样应用弹力绷带包扎患处。1964—1979年，张涤生共治疗了1000多例淋巴水肿患者，均取得了理想的治疗效果。

自从张涤生发明了电热烘疗器以来，烘绑疗法成为上海九院整复外科治疗淋巴水肿病人的主要方法，但是由于政治原因，中国的医学界与国际医学界在改革开放以前交流机会很少，所以张涤生的烘绑疗法也就不足为外人所知。直到1984年2月，张涤生参加在泰国曼谷召开的第2届亚洲整形外科学术会议，他将积累了15年的淋巴水肿治疗经验写成论文《1045例病人的烘绑疗法治疗肢体淋巴水肿》(Heat and Bandage Treatment for Chronic Lymphedema of Extremities: Report of 1045 Cases)。并在大会上报告该论文，在东南亚国家具有很强的实用性，因此大受好评，被评为会议最佳论文，并刊登在次年第3期的《泰国外科杂志》首页。同一年，张涤生在澳大利亚阿德莱德市召开的第3届国际淋巴学会学术交流会议上也宣读了烘绑疗法的研究论文。

自20世纪70年代，医疗界开始流行微波治疗，这给张涤生很大启发。烘绑疗法治疗肢体慢性淋巴水肿虽然疗效满意，但疗程与单次治疗时间均较长，治疗时患者出汗多、体力消耗大，如果用微波代替普通电热炉效果应更为理想。1983年，上海九院整复外科与复旦大学联合研制了微波烘疗机，该机器以南京长虹无线电厂生产的微波理疗机作为辐射源，三个长条形的辐射天线间隔120℃，均匀排列于铅板制成的圆形微波烘箱内壁。烘箱严密封闭，其一端开口容肢体伸入。治疗时肢体伸入烤箱，置于托架上，开口处用屏蔽布包裹肢体直到距开口处10厘米处。张涤生用微波烘疗仪治疗了98例病人，治疗单侧肢体淋巴水肿有效率达到100%，优良率达75%。治疗两个疗程，25例随访病人中有60%丹毒发作停止[①]。为使微波烘疗机进一步完善，上海九院整复外科与中科院武汉分院合作研制了新一代大功率WH-1型微波机。张涤生曾总结微波烘绑治疗仪的几个特点：透入较深；烘烤过程中患者感觉不到热力；治疗时间较短。但可惜的是，因为微波机器造价太高，迄今未能得到推广。

图4-5 1979年，意大利热那亚大学淋巴医学专家U Fox教授仿照上海九院整复外科的发明创制的微波烘疗机

1986年，张涤生主持的"烘绑疗法治疗肢体慢性淋巴水肿、微波烘疗器研制及临床应用"获上海市科技进步奖二等奖。1991年7月，"慢性淋巴水肿模型制作、淋巴管静脉压力测定及静脉移植桥接淋巴管的实验研究"获国家教育委员会颁发的科学技术进步奖一等奖。1992年4月，"程序控制（自动反馈）微波机治疗肢体慢性淋巴水肿及其机制研究"获上海市科学技术委员会颁发的科技成果完成者证书，张涤生为第一完成人。

张涤生是中国淋巴医学的

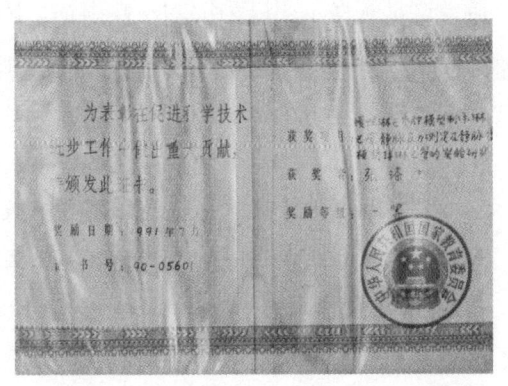

图4-6 "慢性淋巴水肿模型制作、淋巴管静脉压力测定及静脉移植桥接淋巴管的实验研究"获奖证书

---

① 张涤生：《创新与求索——我的整复外科生涯》。上海：上海科学技术出版社，2011年，第63页。

第四章 创业维艰奠基础

开拓者和奠基人，他在淋巴医学领域取得的成绩来源于他善于发现的眼光和对淋巴水肿患者的关爱。显微外科技术兴起以后，他又及时把这一新技术应用到淋巴医学中，拓展了学科治疗范围和治疗效果。

20世纪70年代，显微外科技术开始在淋巴医学领域展现巨大威力。通过淋巴静脉吻合手术可以使阻滞的淋巴循环改道回流。有着敏锐学术洞察力的张涤生意识到了这一点，在国内首先进行动物实验，得到手术后回流重建的良好结果。他还指导学生韩良愉进行静脉和淋巴管移植重建淋巴通路的实验研究，得出了"静脉移植代淋巴管更为符合生理原则，吻合口似有长期保持通畅的可能，且没有继发性淋巴水肿的危险"的重要结论[1]。同一时期，意大利热那亚大学Campisi教授在利用显微外科技术治疗淋巴水肿上取得重大突破，得知这一消息后，张涤生派送学生李圣利赴意大利学习交流，归来后开展应用显微外科技术进行淋巴回流改道手术，术后效果非常好，为治疗慢性淋巴水肿又开辟了一条新途径。

除了学术上的创新外，张涤生最关心的还是学科发展，他知道与美容外科、整形外科相比，从事淋巴医学的收入并不丰厚，加上中国淋巴医学的学科建制并不完善，所以国内从事淋巴医学临床和基础研究的专业人员严重短缺，学科发展受到限制，与国际淋巴医学领域的快速发展很不协调，这是张涤生引以为憾的一件事情，因此在他主编的国内第一本淋巴医学专著《实用淋巴医学》中，语重心长地指出了学科发展的不足和未来努力的方向，并希望这本专著能成为星星之火……

> 淋巴医学还是一门年轻有待开发，值得不断研究、探索和普及的医学新专业学科……波兰著名淋巴医学专家Olszewski WL教授主编的《淋巴阻滞》(Lymphostasis)专著于1991年问世，我国对淋巴医学怀有兴趣及志向的基础研究以及临床医疗学者亦不甘落后，纷纷投入科研及临床治疗工作，10多年来成果迭出，业绩斐然！先后发表了一批著作和论文，并多次走上国际学术讲台，获得国际学术界好评。但遗

---

[1] 张涤生，黄文义，韩良愉：静脉和淋巴管移植重建淋巴通路的实验研究。《中华外科杂志》，1984年第22卷第11期，第666-668页。

憾的是，迄今未建立专业组织，这个事实说明淋巴医学在我国仍在萌芽创建阶段，亟待有志之士参与和投入精力，特别是以临床为起点，进行有系统、有目的地阐明，借助现代科学技术进行深入研究、开拓，为广大病人做出贡献，并进一步建立专科学组或学会，进行系统的、有组织的开拓和建树。

图4-7 张涤生主编的《实用淋巴医学》

杭州国际淋巴学研讨会于1987年5月6—9日举行，张涤生担任会议主席。杭州国际淋巴医学研讨会是中国首次召开的淋巴医学学术会议，为了让更多的专业人士投入到淋巴医学的研究领域，同时也为了扩大淋巴医学的影响力，张涤生邀请来自国外的12位著名学者，如波兰的Olszewski WL、澳大利亚的Casley Smith夫妇、意大利的U. Fox、法国的Sevelle、日本的Ohkuma、德国的FÖldi、捷克的J.Bruna教授等。因为淋巴医学是一门综合性的学科，所以张涤生还特意邀请了来自整复外科、显微外科、寄生虫病、组织解剖学和生理学方面的专家。会议交流了有关淋巴丝虫病、淋巴系统组织解剖、淋巴管造影、淋巴水肿的病理生理以及应用淋巴管静脉吻合术、淋巴管移植、微波烘疗、口服苯并吡喃酮等治疗肢体淋巴水肿等最新研究进展[①]。2003年11月14—15日，首届全国淋巴学会议在上海九院举行，张涤生出席开幕式并发表讲话，希望年轻的淋巴医学专家潜心研究，把我国的淋巴医学水平带向新的高度。在张涤生和学生们的努力下，上海九院整复外科逐渐成为国内和亚洲最大的淋巴循环障碍疾病诊治中心之一，在淋巴水肿的临床治疗以及病因基础研究方面取得了突出成绩，并于2007年荣获第21届国际淋巴学大会的主办权。国际淋巴学大会是代表国际淋巴学领域最高水平的盛会，这是国际淋巴学会成立40余年来首次在中国举

---

① 孙德建：杭州国际淋巴学研讨会。《国际医学寄生虫病杂志》，1987年第5期，第240页。

行年会，标志着中国国际地位的日益提高。在这次会议上，国际淋巴学会执行委员会进行了改选，当选的两位中国医生都是张涤生的弟子，其中刘宁飞当选国际淋巴学会执行委员，成为中国首位获得此项殊荣的学者，李圣利当选国际淋巴学会提名委员会委员。2008年，张涤生和刘宁飞共同获得波兰医学科学院颁发的医学研究成就奖，以表彰他们为中国与波兰在整形外科和淋巴医学方面的交流所做出的特殊贡献。对于自己在淋巴医学领域所取得的成绩，张涤生这样说：

> 烘绑疗法是从中国传统医学中发掘出来的宝贵经验，应用电力、红外线、微波等现代技术并进行改良，造福了无数肢体淋巴水肿的患者。我的体会是，作为一名专业人员切勿囿于一孔之见，开阔视野、随时准备汲取灵感才是成功之道。

自制瘢痕止痒软化糊剂

张涤生拿到止痒药膏的配方纯属偶然。1955年，卫生部委托北京医学院口腔医学系主办为期一年的口腔颌面外科学高级师资班，由苏联莫洛托夫口腔医学院院长柯什赫（Kocex）教授系统讲授口腔颌面外科学和苏联口腔医学教育方面的经验。当时张涤生尚在上海广慈医院担任口腔颌面外科医生，广慈医院选派了张涤生、朱丽华和潘家琛[1]三位医师前往北京学习[2]。白天他参加课堂学习、门诊会诊、查房、手术示范等，到了晚上他就阅读报纸杂志，这是张涤生长期养成的生活习惯。

某日，张涤生偶然在北京的一份报纸上看到，北京著名的中医皮肤科

---

[1] 潘家琛，男，1930年出生，福建南安人，中共党员，汉族，1955年毕业于北京医学院口腔系，口腔颌面外科副主任医师，1980—1981年任第九人民医院副院长，1981—1984年任第九人民医院党委副书记，1984—1986年任上海第二医学院党委副书记，1986—1991年任上海第二医科大学党委书记。

[2] 周学东，吴亚菲：《华西口腔百年史话》。北京：人民卫生出版社，2010年，第169页。

专家赵炳南[①]用自制的药剂治疗烧伤后的瘢痕，取得了良好疗效。虚心的张涤生决定登门请教。一个周日，他大胆地敲开了赵老的门，诚恳说明来意，赵炳南无私地将中药配方的主要成告知张涤生。该方主要以五倍子、丹参等中药研细成粉，加水调和涂在瘢痕上，具有止痒和加速瘢痕软化的效果。张涤生从中受到启发，觉得如果仅仅将中药粉末加水调和成浆缺少黏合力，想到骨科医生常用的"Ulnapaste"（俗称软石膏），心想如果把氧化锌和甘油混合，再加上中药粉末混合成浆状，这样混合后的效果一定更好。于是他试着将改良的中药膏涂在患者的瘢痕表面，然后将绷带加压包扎患肢或躯干部，边涂边包，直到形成一个石膏托，每星期换药一次。实践证明，这种中药结合西药的加压疗法效果很好，并很快派上了用场。1958年"大跃进"运动中，由于片面追求钢铁产量而采用小高炉大炼钢铁，加之工人又缺乏工业防护知识，因此造成了许多烧伤事故。广慈医院在成功抢救邱财康后名声大噪，一时间大量烧伤患者都来广慈医院寻求治疗。烧伤病人经抢救治愈后，在深二度烧伤创面上都会长出大片的增生性瘢痕，不仅关节活动受到阻碍，而且奇痒难忍，夜不能寐。这样的情况和症状往往要持续1—2年才能逐步消失或者减退。张涤生曾应用上述方法治疗一组病例，疗效显著，常可使幼儿瘢痕增生患者当夜就安然入睡。张涤生还记得有个小孩下肢烧伤后奇痛难忍，终日啼哭，不能入睡。没想到下午为他施药后，当晚就安然入睡，陪护的妈妈乐得开怀大笑。还有一个31岁的男性双下肢三度烧伤，给予自体和异体皮肤混合移植后瘢痕增生，凹凸不平呈网状。不仅形象难看，而且因瘢痕质地坚硬，膝关节、踝关节无法伸直，行走困难且痒痛难耐。外用止痒软化药膏两个月后，瘢痕明显软化，关节屈伸自如，痒痛症状也大有好转。

---

① 赵炳南（1899-1984），中医皮外科专家，早年在北京师从丁德恩，先后担任北京中医医院皮外科主任、副院长、名誉院长，北京市中医研究所所长，全国中医学会副理事长，北京中医学会理事长等职务。晚年专门致力于皮肤病的治疗与研究。在诸多皮肤病的致病因素中，他对湿邪与热邪尤为重视。他认为，治湿是治疗多种皮肤病的根本，治热则是治疗皮肤病的关键。1975年由其徒弟和助手整理而成的《赵炳南临床经验集》由人民卫生出版社出版，此书获1978年全国科学大会奖。

遗憾的是，由于操作麻烦，费时耗神，医务人员难以坚持，张涤生的这项发明成果未能及时推广应用并获投产。1992年，张涤生在出专家门诊时，看到仍时有大面积晚期烧伤后期瘢痕病人来门诊就诊，故此又找出当年的配方，并与医院药房负责人协商，改进剂型制成瓶装软膏，受到广大瘢痕病人的欢迎，甚至有国外华侨慕名前来求医问药。2005年4月，一名印度尼西亚的18岁少女不慎被沸水烫伤，双足足背和脚踝的创面瘢痕质硬、肥厚。10月到上海九院整复外科求诊，张涤生给予瘢痕膏敷贴患处的医嘱，数日后病人自觉痒痛减轻，于是带药回国继续治疗。2006年2月，家属来电告知张涤生痒痛明显好转，足背瘢痕逐渐变平，要求继续购买药膏。10月，其母特地来上海汇报病情，称瘢痕肥厚处已基本平复，其余部位瘢痕也变得平软，现双足已活动自如。

目前，市场上已有治疗瘢痕的药膏，如英国进口的瘢痕敌以及国产的瘢痕平等硅胶制品。但张涤生认为这些药品售价昂贵，效果一般，从临床效果上看，不如以中药成分为主的瘢痕软化止痒膏效果好，但是由于市场经济、专利申请等原因，这种药膏一直没能得到推广。为此，张涤生希望后继有人，能够将瘢痕软化止痒膏继续开发，造福患者。在最新出版的《创新与求索：我的整复外科生涯》中，他仍然念念不忘这项中西医结合发明：

> 这类传统验方疗效确切，经济实用，有着化学药物无可比拟的优越性。如能用现代技术加以改进，进一步开发新剂型、新工艺，得到疗效更好、不良反应更小、使用更方便的新剂型，不仅具有良好的临床应用前景，也将创造巨大的商业价值。我希望能找到合适的厂家合作，早日通过药品认证注册生产，以惠及更多的烧伤瘢痕患者。[①]

---

① 张涤生：《创新与求索——我的整复外科生涯》。上海：上海科学技术出版社，2011年，第142页。

显微外科技术的先驱

　　显微外科技术是指外科医生使用精细的显微手术器械及缝合材料，通过手术显微镜的放大作用对细小组织实施精细手术。借助于光学放大镜，肉眼不易辨认清晰的人体细微组织结构可以被放大几倍甚至几十倍，医生就可以超越人类视觉器官的自然限制进行过去无法进行的手术操作，如吻合1毫米以下的血管、淋巴管的吻接、淋巴管和小静脉的吻接，等等。这种新技术促进了显微血管外科、显微淋巴管外科和显微神经外科的发展，在临床上可进行许多自体组织（如皮瓣、骨骼、肌肉、神经、肠组织、大网膜等）的游离移植、周围神经的修复和移植、颅内颅外血管搭桥手术、淋巴管外科手术等，为治疗各种创伤和疾病引起的功能障碍和畸形开辟了新途径[1]。显微外科技术是整形外科史上一项划时代的技术革新，它拓展了学科范围，将外科操作提高到一个崭新的平台，现已被广泛应用于手术学科的各个专业。

　　显微外科技术起源于国外。瑞士的耳科医生首先使用手术显微镜进行内耳手术，治疗耳硬化症，以后欧美各国耳科医生又在手术显微镜下开展面神经减压术、内耳开窗术、鼓室成形术、骨膜成形术、镫骨手术及其他内耳手术。20世纪60年代后，他们开始应用鼻部径路的脑垂体瘤切除术和经内窥镜的喉部手术，大大提高了五官科疾病的治疗水平。1950年，Barraquer与Peritt等应用手术显微镜进行角膜缝合，显微外科手术由此进入缝合操作阶段。在显微外科发展中一项比较重要的工作是1960年由Jacobson和Suarez完成的。他们在手术显微镜的放大作用下，对直径1.6—3.2毫米的细小血管进行缝合并获得较高的通畅率，这使得显微外科应用范围快速扩展，尤其是在实验外科方面的应用更为突出。

---

[1] 裘法祖，张涤生：《中国医学百科全书——外科学基础》。上海：上海科学技术出版社，1992年，第122页。

中国对显微外科技术的探索可以追溯到20世纪50年代至60年代，整形外科医生、骨科医生所进行的实验性动物皮瓣的游离移植和断臂再植，张涤生就是显微外科拓荒者这个群体中的一员，并成为世界上最早应用显微技术吻合小血管、进行皮瓣游离移植的医生之一。1962年，陈中伟[①]成功完成了世界首例断手再植手术，引起外科学界的震动。在此之前，张涤生一直为整形外科的发展遇到瓶颈所困扰。因为当时整形外科医生能做的手术不外乎游离植皮、皮瓣转位、皮管分期转移，除了皮管转移之外，再无拿得出手的专业绝活。所以，当张涤生听到这个消息时，为之一振，思路也豁然开朗——如果具备了成熟的组织血管吻合技术，皮瓣游离移植就不再是一件遥不可及的事情。

设想虽然好，但是落实到技术层面还是有不少困难。陈中伟吻合的桡、尺动脉和静脉口径有3—4毫米，操作完全可以在肉眼下进行，而皮瓣的供血血管细得多，对操作要求也高得多。可惜正值世事维艰，张涤生带领的研究小组既没有手术显微镜，又没有微细的缝线和缝针，只能绞尽脑汁自制代用品。比如，取一段细钢丝，一端磨尖，另一端用小槌打平，并钻出一个小孔，用作缝针；将6—0的缝线分成五六股用作缝线。缝线的另一来源是护士的青丝，拔下几根细发，常规消毒以后就成了非常适用的小血管缝合线了。最困难的是没有手术显微镜，如果无法把手术视野放大2—4倍，仅凭肉眼吻合小口径血管（1—2毫米）是不可能的事。一开始，张涤生只搞到一种国产放大镜，使用效果欠佳，后来终于找到了一副有六倍放大率的德国放大镜，张涤生如获至宝。

器械问题解决后，张涤生决定先从动物实验入手，在动物身上锻炼手术技巧。1964年的夏天非常炎热，很少有病人愿意接受择期手术。张涤生就利用这段闲暇的时间带着两名青年医生——林熙和王炜，不顾暑气逼人，每天泡在动物实验室苦练血管吻合技术。他以大白鼠、兔、犬为实验对象，循序渐进，从股动脉和股静脉开始逐步将吻合血管的口径从2—3

[①] 陈中伟（1929-2004），浙江宁波人，骨科专家，中国科学院院士。1954年毕业于上海第二医学院，曾任上海市第六人民医院骨科主任、副院长。1963年首创世界首例断手臂再植成功，1978年又获断指再植成功。在国际上首创了"断手再植和断指再植"等六项新技术。

毫米缩小到 1 毫米左右。功夫不负有心人，两个月后，张涤生和两位年轻医生都熟练掌握了小血管的吻合手法和技巧。等到第二年夏季，三人小组又开始了第二期的显微外科动物实验，进一步把小血管吻合技术用于皮瓣的游离移植。他们首先尝试的是犬腹股沟皮瓣，在犬的腹壁上解剖出腹股动脉及大隐静脉分支后，分别再做原位再植和对位移植。1965 年，张涤生在《中华外科杂志》上发表《大块皮肤组织瓣游离再植的实验研究》，该论文报告了应用小血管吻合技术进行皮瓣游离再植的动物实验结果，这是中国第一篇有关显微外科血管吻接游离皮瓣移植获得成功的文献。在 15 个腹壁皮瓣再植中，有 5 个皮瓣获得成活，其余 10 个分别在术后 2—8 天坏死脱落[①]。同期，张涤生等人还进行了兔耳的再植实验，亦获得成功。尤其令人佩服的是年轻医生林熙，他独立操作把小白兔的后腿接到颈部，后腿竟然还能存活。

　　这一时期，除张涤生小组外，其他一些医生也在从事显微外科技术的探索，掀起了显微外科技术研究的高潮，这些医生也同张涤生一样，成为中国显微外科的先行者。如 1964 年北京积水潭医院的王树寰等设计和施行了兔耳再植；1965 年河北新医学院成功进行了断指再植；1966 年 1 月上海第六人民医院和第九人民医院合作第一次使用 6 倍放大镜进行了断指再植术获得成功；同年，上海华山医院和中山医院成功进行了第二足趾游离移植再造拇指，宋儒耀引进苏联断肢再植的实验研究，多次成功地把断下来的狗腿再植回去，完成断肢再植的实验研究，为我国 1963 年进行的断手再植工作打下了实验基础[②]。

　　"文化大革命"开始后，中国整形外科、显微外科发展受到巨大影响。张涤生不仅被迫放弃了已初现曙光的显微外科研究，甚至还面临无法再做医生的厄运。整个"文化大革命"期间，除了上海第二医学院的《整复外科学进修讲义》（内部印刷）以外，无一本整形外科出版物，整形外科界既无对外交流，也没有组织国内学术会议，学科发展可谓降到

---

　　① 由此可见成功率为 33.3%，而并非《神在形外：张涤生传》中所说的 66%。
　　② 宋儒耀：我国整形外科发展的历史回顾。《中华整形烧伤外科杂志》，1987 年第 4 期，第 242 页。

第四章　创业维艰奠基础　75

了谷底。

直到 1973 年，杨东岳应用显微外科技术游离移植腹股沟皮瓣用于修复面部组织缺损，开创了临床应用的新纪录，中国的显微外科才又重新开始前进的步伐。1973—1978 年，在张涤生的领导下，上海九院整复外科致力于将显微外科技术扩展应用到人体各个部位的组织修复，开创了不少新的修复手术，这些修复手术给中国整形外科界带来了新的生命力，增加了整形外科的治疗手段和治疗范围。比如，各种游离皮瓣修复面部伤残缺损、肠段移植修复食管缺损、大网膜移植修复头颅部慢性溃疡、头皮撕脱再植、阴茎一期再造、足趾移植再造拇指缺失、手部撕脱伤早期处理等。除此以外，张涤生还与其他医生一起将显微外科技术推广到其他相关专业，如创伤骨科、胸外科、手外科、泌尿外科、口腔颌面外科等。

今天，显微外科技术已经常规用于各种外科修复，成为每个外科医生必须掌握的基本技术，张涤生对此很欣慰，也很自豪，因为这其中有他的一份功劳。显微外科学术界也没有忘记张涤生做出的贡献，2010 年 10 月在北京国家会议中心召开的中国显微外科学术年会上，为弘扬老一辈专家为我国显微外科事业做出的重大贡献与取得的杰出成就，中华医学会显微外科分会授予张涤生"中国显微外科终身成就奖"，大会对张涤生的学术成绩做了客观公正的评价，"张涤生把整形外科的原则、治疗目的联同显微外科技术推广到许多有关兄弟学科，如骨外科、口腔颌面外科、创伤外科、眼科和泌尿外科等，做出了特殊的贡献"。与张涤生同时获此奖项的还有 11 位专家，他们都是各自领域内声名赫赫的人物，其中六位已故专家分别为第二军医大学屠开元、第四军医大学陆裕朴、复旦大学附属中山医院陈中伟、复旦大学附属华山医院杨东岳、解放军总医院朱盛修和沈阳军区总医院杨果凡，另外五位健在的专家是南方医科大学钟世镇、复旦大学附属中山医院顾玉东、中山大学附属第一医院朱家恺、解放军第 89 医院王成琪和上海市第六医院于仲嘉。对于中国显微外科技术未来的发展，张涤生还有更长远的展望：

显微外科发展迄今已有 30 余年的历史，现已普及到全世界各国外科医学领域。其中，中国、美国以及法意等国家技术水平更高、更普及，显微外科已成为外科医生必须具备的一项手术技术，故此建议列入外科学的基本培养项目之一……提高皮瓣组织及器官移植的成活率、降低坏死率、提高功能和外形恢复，仍然是从事整形再造外科工作者努力的目标之一。近年来在这方面显得创新不多，昔日多少创意、理想，现在许多都没有实现，显微外科大多仍然停留在技巧和技术二次创新等方面，这是远远不够的。开拓创新还需要更大的观念上的突破，要和 21 世纪生命科学的发展同步进行，才能和时代前进同步发展。

图 4-8　2010 年 10 月 16 日，张涤生获中华显微外科学分会颁发的中国显微外科终身成就奖

1986 年，张涤生成功申请举办第 10 届国际显微外科会议，上海九院整复外科为此做了充分准备，可惜三年后突然发生的"六四事件"使得这次会议被取消了。张涤生很遗憾，这原本是一个向世界展示中国显微外科成就的好机会。普通人遇到这样的事情，很可能就此放弃，不再过问了，但是张涤生不一样，他想好的事情就一定要完成。在张涤生的呼吁和发起下，国内相关的四大学会（中华显微外科学会、中华手外科学会、中华整形外科学会、中国康复医学会修复重建外科学分会）决定联合申办 2017 年世界重建显微外科学会大会（WSRM，World Society for Reconstructive Microsurgery）（每两年一次），让世界更好地了解中国显微外科成就，同时也可以让我们学习其他国家的先进理念，共享世界同行在这个领域的新成果，为广大患者带来新的治疗技术与方法。张涤生在给四大学会的主任

委员的信中这样写道："经过这么多年，我们的决心和信心没变。我们将争取申办 2017 年的 WSRM 年会，让它回到显微外科的摇篮中来。目前我们已经和 WSRM 建立了很好的沟通渠道，我真诚地希望我们的相关协会能够联合起来，共同去申办，以表明我们的决心和信念。"[1] 张涤生的精神真可谓"老骥伏枥，志在千里；烈士暮年，壮心不已"。

---

[1] 张涤生教授的倡议信. 中华显微外科网网站，2011-03-25。

第五章
开拓创新

　　张涤生曾在报纸上撰文大力呼吁"最关键的是自我创新意识和能力","真正的人才绝不能只会啃书本、人云亦云,必须有自由之思想、独立之精神,要能不断推陈出新,促进科学和社会进步。"[1] 了解张涤生的人知道,他的这些话绝非应景的"空头口号",而是他一生在临床和科研上摸爬滚打出来的真知灼见。没有创新,就谈不上学科发展,只能是原地踏步或者亦步亦趋。张涤生刚接触整形外科的时候,整形外科还只是外科学里一个毫不起眼的分支学科,甚至都谈不上"学科",因为这时的整形外科只是几项外科医师看不上眼的技术,比如植皮术、唇腭裂修复术等。就是在以张涤生为代表的这一代整形外科先驱的努力下,整形外科通过不断创新发展了淋巴外科、颅面外科、美容外科等多个分支领域,学科的内涵和外延也大大扩展。

---

[1] 张涤生:最关键的是自我创新意识和能力.《文汇报》,2011年2月20日.

挑战颅面外科

颅面外科是近代外科医学领域内最新发展起来的学科之一，它是整形外科在经历了一个多世纪的发展基础上逐步形成的一门新的专业学科。颅面外科是以各类颅面部畸形为主要研究对象，通过颅面部的各类截骨、骨块重组和固定等外科手段进行治疗的外科新领域。其特点是截骨手术打破了颅脑和面部的界限，并将二者作为一个整体进行治疗，因而颅面外科的治疗对象覆盖了传统的神经外科、整形外科、眼科、口腔颌面外科、五官科等，成为涉及多个领域的跨学科外科新专业。现代颅面外科的创建应该归功于法国的 Paul Tessier。1964 年，他首次经颅内径路治疗一例先天性眼距增宽症获得成功，并于 1967 年罗马举行的第四届国际整形外科学术会议上首次公开了自己多年的临床硕果，引起了与会者的广泛兴趣和高度评价。随后各国不少整复外科医师纷纷跟随 Tessier 学习，可以说世界所有颅面外科医生都曾直接或间接地从 Tessier 那里学习过。他们学成回国后，先后开展颅面外科工作和建立颅面外科中心，成为第二代颅面外科医生。

中国是世界第一人口大国，各种颅面畸形患者也最多。由于骨科医生并不涉及头面部的骨骼，整形外科医生又只涉及骨骼以上、皮肤以下的部分，而专科医师只能做一些小的修补手术，对复杂的颅面畸形束手无策。我国颅面外科在相当长的时间内都没有得到很好的发展。1976 年，张涤生偶然读到 Tessier 的文章，受到很大的启发和鼓舞，但是已满 60 岁的张涤生还能不能再开垦出一片新天地，对此他自己也有些怀疑。最后，喜欢挑战自我、不断开拓创新的张涤生决定做"第一个吃螃蟹的人"。20 世纪 70 年代，我国对外交流尚未恢复，与国外同行面对面的交流是不可能的事情，一切只能靠自己摸索和打拼。张涤生尽力搜索 Tessier 的所有论文，并熟读了很多遍。他知道"纸上得来终觉浅，绝知此事要躬行"，于是他联系上海第二医科大学解剖教研室，准备在尸体上模拟开颅手术。由于没有颅面外科专用的手术器械，普通的练习也变得异常艰苦。张涤生回忆起这段经历,颇有些感慨。

星期日的上午,解剖室内静寂无声,我和一名助手开始了颅脑解剖,反复模拟开颅、眼眶截骨、去除中央部位鼻骨、将两侧眼眶向中间靠拢固定等手术步骤。没有电锯、没有电钻、没有任何现代化器械,一切都是土法上马,用的是手拉锯、钢丝、骨凿、小锤子等简单工具。在这样艰苦的条件下,在连续做了6次尸体解剖后,我对手术设计和手法技巧有了深入体会。[①]

1977年5月,一名六岁女孩李金凤从佳木斯来上海九院整复外科就诊,经张涤生诊断为先天性眼距增宽症[②]。虽然这种先天畸形以前也治疗过几例,但是都没有金凤这样严重,所以张涤生只做了简单的修复重建手术。可术后小金凤的两只眼睛的内角间距竟然还有6.5厘米,较一般正常人的3厘米增宽了一倍。张涤生决定使用练习过的Tessier方法,通过打开头颅骨暴露大脑前叶和颅前窝,把两个眼眶骨架在四周凿开,并把鼻子中央部过度的骨组织去除,然后把两侧眼眶连同眼球向中间靠拢,用钢丝固定以此来缩小眶间距离、恢复正常容貌。这是一种既复杂困难又有极大风险的全新概念的外科手术,当时世界上只有Tessier一个人能够完成这样的手术,尚未在全世界推广,而对小金凤来说,除了采用这个手术方案外别无他法。出于对病儿的爱护和作为医生的神圣责任感,张涤生决心冒一次风险,由他亲自主刀为小金凤施行中国第一例眶距增宽症矫治手术。在神经外科和麻醉科医师、助手和护士等的共同配合下,经过7.5小时的奋战,张涤生终于将小金凤的眼眶从6.5厘米缩短到3.5厘米[③],已经比较接近正常人的眼眶距离了。虽然手术中出现过几次险情,如颅内压增高、眼球

[①] 张涤生:《创新与求索——我的整复外科生涯》。上海:上海科学技术出版社,2011年,第35页。

[②] 眼距增宽症是在胚胎发育时期,因蝶骨小翼过早骨化和过度增生而导致两侧眼眶向外侧推移形成的一种先天畸形,手术矫正是唯一的治疗方法。

[③] 张涤生:《创新与求索——我的整复外科生涯》。上海:上海科学技术出版社,2011年,第40页。

突出、血压下降等，但在张涤生沉着冷静的指挥下，险情都一一得到了控制。术后小金凤没有出现任何并发症或后遗症，一个月后出院返家。

张涤生初次接触颅面外科时已年过六旬，对于普通人来说到了这个年龄，人的精力和体力都已经过了高峰期，是应该歇下来的时候了，但是张涤生却并未停下脚步。国际公认的颅面外科创始人 Paul Tessier 对张涤生的成绩也是赞叹不已，"张涤生教授通过数次交流，心领神会，凭借其卓越的能力迅速开展了颅面外科的各类手术，这种迅即跃入全新领域的非凡能力并非一个人单凭一时之勇即可成功的，这正应了两句名言'越是经验丰富的，思维越年轻'和'唯智者才能学'。应该说，50岁以后在颅面外科做出突出成绩的并不很多，如 Karl Hogeman、Hugo Obwegeser、Joseph Murray 等，张涤生教授也是其中之一。"南方医科大学教授、中国工程院资深院士钟世镇对于张涤生在开拓颅面外科领域所付出的努力十分清楚，"'微言唯有故人知'……他在为小女孩李金凤进行国内首例眼距增宽症矫治手术前，曾到上海第二医科大学解剖室在小儿尸体上反复进行模拟手术，以保证万无一失。"他个人对张涤生也很佩服，"我这个专业不同的解剖学者，虽然不能成为其衣钵真传的弟子，却也能忝列在宫墙外望的徒弟群中，春风化雨，助我成长。"[①]

1977年，由张涤生等人完成的国内第一例颅面外科手术——颅内外联合径路的眼距增宽症矫正术，虽然比法国人 Tessier 的颅面外科工作晚了10年，但毕竟由此为中国颅面外科的发展拉开了序幕。在随后的几年，西安第四军医大学、北京大学第三医院相继开展了此项手术并取得成功。1977—1994年，上海九院整复外科全面开展颅面外科各类手术共135例，成功率达95.4%，除了眼距增宽症以外，治疗涉及颅面畸形的病种还有颅缝早闭所致的狭颅症、Crouzon 综合征、各类上下颌骨畸形、颅眶骨纤维异常增生症、颧骨畸形、严重颅面外伤[②]。张涤生很早就意识到颅面外科

---

① 张涤生：《创新与求索——我的整复外科生涯》。上海：上海科学技术出版社，2011年，序二。

② 张涤生，冯胜之，穆雄铮，等：颅面外科17年回顾与展望。《中华整形烧伤外科杂志》，1994年第10卷第6期，第428-432页。

的兴起与发展是建立在多学科合作基础上的，比如法国的Tessier医生作为颅面外科之父是源于他在战伤救治中对颅面骨骼的治疗经验及与神经外科、口腔颌面外科医师的良好合作。所以，张涤生带领整复外科与神经外科、眼科、五官科、麻醉科、小儿科、口腔正畸科、神经内科、内科、遗传学科等多个学科建立了良好而持续的合作关系，由整复外科医生牵头，邀请合作科室的医生做定期会诊，以全面掌握病情、拟订最佳的治疗方案。1986年，在张涤生的努力下，上海九院整复外科与澳大利亚阿德莱德大学儿童医院颅面外科签订了一项为期五年的交流协议。1989年，在张涤生的大力推动下，上海九院正式建立了颅面外科协助小组，这也是中国第一个颅面外科协作组。2010年5月31日，在张涤生、张志愿和刘锦纷联合倡议下，上海交通大学医学院颅颌面研究中心成立，该中心是上海九院和上海儿童医学中心相关科室密切合作、共同构建的致力于各类颅颌面外科临床医疗、科研、教育的联合医学中心。由于颅面外科有明显的交叉特性，涉及神经外科、口腔颌面外科、耳鼻喉科、眼科等多方面的知识，张涤生希望通过成立颅颌面研究中心，能吸引众多的跨专业人才实现优势互补，以造福患者，共创学科繁荣[1]。

张涤生在颅面外科领域的探索，体现了他敢于并且善于学习新知识、挑战自我，不断创新的精神，他在临床上所做

图5-1　1983年张涤生与患者及美国教授在上海九院整复外科大楼前合影

---

[1] 张涤生：《创新与求索——我的整复外科生涯》。上海：上海科学技术出版社，2011年，第36页。

的一切努力和冒险都是为了他的患者，这种以患者为核心的职业精神成为张涤生不断创新取得成绩的原动力。2000年，张涤生担任第三届亚太颅面外科会议主席[①]，这不仅反映了张涤生在颅面外科领域的学术地位，也代表了中国颅面外科的水平。

组织工程学的推动者

提到组织工程学（Tissue Engineering），许多人都会误以为这是一门跟行政管理相关的学问，其实组织工程学是一门新兴学科，只有30多年的历史。1987年，美国科学基金会首次提出"组织工程"一词。组织工程技术的基本原理是：将大量体外扩增的种子细胞（seed cell）接种在可降解的生物支架材料上，进行体外培养或植入体内组织器官缺损部位，随着生物材料的逐渐降解和吸收，细胞不断增殖并分泌细胞外基质，最终形成具有正常结构和功能的活体组织。它既能实现以小损伤或无损伤修复大缺损，又能实现结构与功能接近正常的永久性修复。此外，通过对生物支架材料的精确塑形，还可以使再造组织器官与缺损的大小和形态完全一致，从而达到完美的外观修复。

组织器官缺损或功能障碍是人类健康的主要危害之一，也是人类疾病和死亡的最主要原因，据美国的一份资料显示，每年有数以百万计的美国人患有各种组织、器官的丧失或功能障碍，每年需进行800万次手术进行修复，年住院日在4000万—9000万，年耗资超过400亿美元。现代医学对组织器官缺损的治疗仍然是以组织器官移植为主要手段的医学治疗模式，而组织工程技术的兴起改变了传统的"以创伤修复创伤"的治疗模式。作为生物工程的主要内容之一，组织工程学成为继细胞生物学和分子生物学之后，生命科学发展史上又一新的里程碑，标志着医学将走出器官

---

① 上海第二医科大学附属第九人民医院整复外科：著名整复外科专家张涤生教授.《中华外科杂志》，2002年第40卷第7期，第550页。

移植的范畴,步入制造组织和器官的新时代,从某种意义上讲,它已经成为一个国家医学发展水平的标志之一[①]。

中国的组织工程学研究始于90年代中后期,1999年国家科技部正式成立了国家重点基础研究发展规划项

图 5-2　张涤生与弟子曹谊林合影

目(973)"组织工程基本科学问题"研究,以留美学者、张涤生的博士生曹谊林[②]教授为首席科学家,联合国内生命科学、材料学、生物力学等多领域专家组成的科研团队,在国外已有的组织工程研究基础上开始了高起点的深入研究[③]。

20世纪90年代,"组织工程"仍然是一个医学前沿领域的概念,为了介绍和说明组织工程技术,张涤生想趁曹谊林回国正式开展科研工作前,写一本高级科普式的小册子供领导和相关人士翻读,以便了解这门新学科的实质性内涵。张涤生准备了大量的资料和文献,利用1997年去澳大利亚探望女儿女婿的两个月假期完成了这本两万字左右的《组织工程学简介》。为了撰写这本小册子,张涤生充分利用白天女儿女婿出去上班的时间,捧读文献,写下札记和大纲,全书共参考了50多篇英文文献和数篇中文文献。册子虽小,但是在介绍和推荐曹谊林开展和申请"组织工程"国家级

---

① 商庆新,曹谊林,张涤生:生物工程领域的崭新前沿——组织工程。《现代康复》,2001年第5卷第6期,第7页。

② 曹谊林,1954年5月生于上海,1978年毕业于上海第二医科大学整形外科系,1988年获得硕士学位,同年考取张涤生的博士研究生。现任中国医学科学院整形外科医院院长、整形外科研究所所长,上海交通大学医学院附属第九人民医院副院长,上海整复外科研究所所长,上海市组织工程重点实验室主任,上海第二医科大学组织工程研究中心主任,上海组织工程研究与开发中心主任。

③ 张文杰,周广东,曹谊林:中国组织工程学研究现状与未来。《组织工程与重建外科杂志》,2005年第1卷第1期,第185-188页。

研究项目过程中起到了一定的启蒙作用[1]。每当提起这件事,曹谊林对导师的这一举动都无比感激,称他确确实实具备"大师风范"[2]。

张涤生在这本小册子里首先简要地介绍了临床上常用的组织修复途径和利用组织工程技术修复缺损的方法:

> 目前临床上常应用的组织修复途径大致有三种:即自体组织移植、异体组织移植和应用人工合成代用品。自体组织移植虽然不存在免疫排斥反应,但必须以牺牲人体部分正常组织为代价来修复病理或缺损组织,而其结果是在获得外形改善的同时,患部功能只能是部分恢复或全部没有恢复。异体组织的应用虽已经历了较长时间,但毕竟存在着两个严重缺陷,一是组织相容性不合,所移植的组织或器官会受到免疫排斥反应而被排斥,难以永久性地替代受损害的功能;二是供体严重不足,如肾脏及肝脏等。人工合成的组织代用品近年来虽然应用颇为广泛,但仍然存在异物反应、感染等风险或最终被排出体外。组织工程学……从根本上解决了组织和器官缺损所致的功能障碍或丧失的治疗问题,其基本方法是将体外培养的高浓度组织细胞,经扩增后吸附于一种生物相容性良好并可被人体局部降解吸收的细胞外基质。该材料可为细胞提供生存的三维空间,有利于细胞获得足够的营养物质,进行气体交换,排除废料,使细胞按预制形态的三维支架生长。然后将这种细胞生物材料复合体植入机体病损部位,种植的细胞在生物支架逐步降解吸收过程中,继续增长繁殖形成新的具有原来特殊功能和形态的相应组织和器官,达到修复创伤和重建功能的目的。[3]

在这之后,张涤生在书中又介绍了软骨、骨骼、肌腱、肌肉、皮肤、

---

[1] 张涤生,王文虎,方孟梅:《神在形外:张涤生传》。上海:上海交通大学出版社,2006年,第147页。

[2] 同[1],第127页。

[3] 张涤生:《组织工程学简介》(内部印刷)。1997年,第1—2页。

肝脏、胰腺、血液细胞、管状结构、心脏瓣膜、血管的组织工程和组织工程技术中的降解性载体材料，并展望了组织工程技术的前景。他满怀希望地写道：

> 组织工程是目前医学科学新发展的前沿学科，它涉及医学领域的多个方面，特别是基础学科方面的深入研究和探索。对于临床学科来说，其发展前景尤其令人鼓舞，它将改变人们对组织移植和器官移植的老观念，进入修复重建和再造的崭新领域，将使医学治疗学产生一个革命性的发展……在临床应用方面，软骨细胞的组织培养技术已达成熟阶段，可望于不久的将来应用于临床病例。一旦成功，将给整复外科耳再造等手术带来革命性的改进，促进整形、移植技术发生观念性的改变……也将使组织工程这一门新学科和60年代开始萌芽发展的显微外科一样，由整形外科开始迅速波及临床医学各学科，向20世纪传统医学技术发起一场新的挑战，从而掀起一场医学革新浪潮。我们可以拭目以待21世纪医学新面貌的最辉煌前景的出现。目前国内组织工程的研究还在开始阶段，已有少数单位从事开展此项新技术，如辽宁省人民医院、北医三院整形外科和成都华西医科大学骨科等。后者已由杨志明等开展对兔自体肌腱细胞与碳纤维联合培养及体内植入的实验研究，将它桥接肌腱断端，观察到肌腱细胞具有增殖和合成胶原的能力，术后四周观察到植入物间胶原纤维组织趋于致密组织结构，有大部分胶原纤维已连接肌腱断裂部，此为肌腱内源性愈合提供了进一步实验的依据。上海九院整复外科已建立上海市组织工程重点实验室，由Vacanti的助手曹谊林在美国期间应用组织工程技术进行人型耳廓模型再造研究的基础上，继续研究扩大成果，拟在临床上开始进行人体软骨细胞种植，为开创组织工程的临床应用做出贡献。[①]

从这里可以看出，张涤生已经敏锐地发现了组织工程学将是整形外科

---

① 张涤生：《组织工程学简介》（内部印刷）。1997年，第22页。

的一个新的增长点，而且将像显微外科技术一样，迅速地影响临床医学的其他学科，掀起医学领域的革命。张涤生的远见卓识和高瞻远瞩实在令人佩服。在此之后，张涤生一直致力于推动组织工程学的发展。1998年7月，上海市科委和上海第二医科大学联合举办组织工程研究研讨会，会上张涤生和曹谊林报告了组织工程学在临床应用的前景。1999年6月28日，上海第二医科大学承办组织工程学与胚胎干细胞研讨会，张涤生在会上阐述了开展组织工程学研究的意义。1999年，张涤生为国内第一部组织工程学参考书撰写序言，为国内学者的研究成果欢欣鼓舞。

我国学者不甘落后，急起直追。从20世纪90年代初开始，组织工程学的研究亦在不少单位先后开展，迄今不少领域获得了接近或达到国际水平的成果，某些项目处于领先地位。杨志明教授所领导的华西医科大学组织工程实验室就是其中之一。为了将组织工程学的有关新知识、新技术和新信息及早介绍给我国关心和愿意为之献身的学者，他特组织了参与这方面研究的一班人，综合目前国外最新有关组织工程的研究现况，并结合他们的科研成果，编写了我国第一部组织工程学参考书，以期达到将此前沿学科介绍给广大读者，起到启蒙、普及和推动作用。纵览全书，资料来源广博，信息量大，涉及面较广，内容详尽。

张涤生希望该书的出版能够"对我国组织工程性技术的进一步发展、深入研究并早日投入临床应用、为生命科学和医学的发展，在新世纪来到之际做出具有革命性意义和为人类造福的新贡献"[①]。2005年，张涤生在《组织工程与重建外科杂志》的创刊词中殷切地期望将组织工程与重建外科两门专业纳入正规的合作渠道，"人形耳廓的制成仅是一个起点，近10年来，组织工程犹如雨后春笋，在世界各地萌芽发展，各有所长。在我国情况也是如此，近年来胚胎干细胞的诱导分化研究、克隆技术等进展又给

---

① 张涤生：《张涤生院士学术述评集》。上海：上海交通大学出版社，2007年，第71页。

组织工程研究提供无限活力","将组织工程目前的实验成果逐步进入重建外科的临床实践层面,密切合作,相互促进,相辅相成,促使整个生物医学工程更快地走上新的台阶,以发展科学,造福人类。"[1]张涤生这段话不但重申了发展组织工程学的重要性,而且还蕴含了最近两三年才在中国流行的转化医学[2]的思想。

2005年10月22—25日,90岁高龄的张涤生参加了在上海举行的第8届国际组织工程学术会议,连续四天认真学习各国专家的报告内容,反思国内外在组织工程领域内的差距,展望学科的发展前景。27日,他在日记中写道:

> 虽然并不精通专业内容,但扩大了知识面,了解行情和世界各国组织工程的目前水平。我的印象是虽然我科曹谊林主任在这项新领域中站在国际前沿,是领头羊之一,使我们感到荣幸和高兴,但诸如美国、日本、英国等国的学者也有不少新成就,新的研究成果值得大家参考和学习。曹谊林在上海已完成了不少组织工程的硕果,如软骨、皮肤、气管、角膜等组织,并已在人体上初步试用颅骨、牙槽骨、肱骨的填塞等手术得到成功,但毕竟要在临床上大规模应用,实质上代替整形外科的组织带蒂或游离移植这样挖东墙补西墙的老规律,可能还要一段时间,不太可能在一两年或两三年内完成。除此之外,我也听到、看到了不少国外同行的科研成就,如美国华裔学者的角膜新组织、心脏修复薄膜、胃肠溃疡修复薄膜,另一学者报告的二维膜人工肝脏的发现是实现肝脏器官再造的第一步,弥足珍贵。[3]

组织工程学是一门新兴学科,虽然张涤生并未真正从事过它的实验研

---

[1] 张涤生:《张涤生院士学术述评集》。上海:上海交通大学出版社,2007年,第19页。
[2] 或称为转换医学,同个性化医学、可预测性医学等一同构成系统医学(包括系统病理学、系统药物学、系统诊断与综合治疗等)的体系。转化医学是一个新兴的多学科融合的领域,该领域的主旨在于促进基础医学研究向临床应用的转化,同时根据临床医学的需求提出前瞻性的应用基础研究方向。
[3] 张涤生2005年日记。资料存于采集工程数据库。

究，但是他以一位医学科学家的眼光，认定这是一门充满活力、能对未来医学发展产生重大影响的学科。他不遗余力地为之宣传和摇旗呐喊，不顾高龄仍然坚持学习新知识，了解学科的最新动态，体现了一位老科学家永不满足、求知若渴的宝贵精神。中国组织工程学的历史当为张涤生记下浓重的一笔。

规范美容外科行业的发展

见证美容外科的建立与成长

普通人往往搞不清楚整形外科与美容外科有什么区别，多数人会把二者混为一谈，称之为整形美容外科。实际上，整形外科治疗的对象主要是体表、体表器官以及肌肉、骨骼等组织因先天性原因或后天性外伤、疾病或自然的生理变化所造成的缺损、缺陷或畸形。治疗的方式包括修复和再造[1]。美容外科是一门以人体形式美理论为基础，运用医学审美与外科技术相结合的手段，对人体生理解剖范围内的正常缺陷加以修复和塑造，以增进其形态美感为目的的医学学科[2]。张涤生曾对整形外科和美容外科做过形象的区分：美容外科和整形外科有着两种截然不同的手术目的和要求。整形外科以治疗畸形和残缺为主要目的，除尽可能地达到外表正常形态、获得美容效果外，重要的是恢复局部功能，是一种"雪中送炭"的手术。但美容外科却是小则弥补缺陷，大则渴望达到美的完善，既有生活中的需要，更有心理上的自我满足，是一种"锦上添花"的手术[3]。需要注意的是，美容外科属于医学美容的范畴，与生活美容（如化妆、美发、护

---

[1] 朱洪荫：《中国医学百科全书：整形外科学》。上海：上海科学技术出版社，1986年，第1页。

[2] 夏兆骥、彭庆星、李祝华，等：论美容外科学的学科内涵及发展。《实用美容整形外科杂志》，1992年第3卷第2期，第97–98页。

[3] 张涤生：《张涤生院士学术述评集》。上海：上海交通大学出版社，2007年，第46页。

肤、健身等）有根本性的区别，泾渭分明，不容混淆[1]。

中国现代美容外科较西方发达国家发展晚。20世纪20年代，曾有少数来自日本的开业医师及极少数的学院派外科教授在上海、北京施行唇裂修复以及眼睑、鼻美容手术。他们只为少数特定人群服务，未曾普及。其中的代表医生有杨树荫、石光海、倪葆春、张先林和董秉奇等。1941年，张涤生在红会救护总队部167后方医院参与救治抗日伤兵服务时，也在偶然的情况下接触到了美容外科的双眼皮手术（专业术语为重睑成形术）。

新中国成立后，美容外科手术受到严格控制，只有对特殊需要的人群才可实施手术整形。而在"文化大革命"以前，仅有少数演员和外事工作者为了工作需要而做美容手术，通常是重睑成形术、面部除皱术这些今天已被视为非常普通的美容外科手术[2]。20世纪50—60年代，张涤生开始为一些国家级艺术家进行各部位的美容手术，如割双眼皮、拉皱纹、隆鼻手术等，以延长他们的艺术生命[3]。1957年，中国国家登山队首次攀登珠穆朗玛峰成功，但是登山队政委王凤桐的鼻子和手都被冻坏了。张涤生精心设计、大胆操作，成功地利用前额部皮瓣为他再造了一个挺拔的鼻子，这也是张涤生第一次独立操作此项手术[4]。这一时期的美容外科一直作为整形外科的一个非常小的附属部分存在，在鲜为人知的条件下悄悄存在、默默地成长。改革开放后，随着生活水平的提高，人们对形体美的追求日益增强，加上政治体制改革形成了宽松的社会氛围，美容外科借助改革开放之风迅速发展起来。1990年，张涤生主编的《实用美容外科学》由上海科学技术出版社出版，这是国内最早详细阐述美容外科的专著之一，出版不久即售罄。

---

[1] 张涤生：《张涤生院士学术述评集》。上海：上海交通大学出版社，2007年，第47页。
[2] 孔繁祜，牛星焘：《北医三院成形60周年》。北京：北京大学医学出版社，2009年，第19页。
[3] 张涤生，王文虎，方孟梅：《神在形外：张涤生传》。上海：上海交通大学出版社，2006年，第101页。
[4] 孔繁祜，牛星焘：《北医三院成形60周年》。北京：北京大学医学出版社，2009年，第100页。

美容外科呼唤科学精神和科学理性

2010年岁末，超女王贝因实施颌面骨整形手术死亡的消息震惊了全国，这一事件，将整形美容行业推到了舆论的风口浪尖。一时间，关于这一行业的各种新闻报道、小道消息铺天盖地而来，人们仿佛发现了新大陆一般的好奇，怎么普通的美容手术还能将人治死呢？有人总结出中国的整形美容行业存在着"四大乱象"[①]：

一是素质低。一些民营整形行业从业人员素质偏低。医生很少来源于正规医学院培养的硕士、博士，不少是"野路子"出身，没有经过严格的执业训练。

二是胆子大。个别民营整形美容医院可以说"唯利是图"，胆子非常大，只要能赚钱，敢把病人当"试验品"，缺乏对生命的尊重和敬畏之心。像王贝这样的下颌面手术本来是具有生命危险的，不像割眼皮、隆胸术那样简单，而是一个需要手术技术、麻醉配合、术后护理的系统工程，对于医疗机构的综合实力要求很高，不是随便哪家医院都可以开展整形手术的……

三是广告凶。一些民营整形医院生意看似红火，实际上很大部分是依靠推销广告。

四是监管松。整形行业近年来发展迅速，但相关的检查、审核却不到位。不出事则无事，出事后往往自行消化。一些民营整形美容医院都有自己一套医疗事故善后的班子，专门应对医疗纠纷。

其实张涤生早在十几年前就已经意识到这一问题的严重性了。1993年，张涤生在中国整形界影响力最大的学术期刊《中华整形烧伤外科杂志》上发表了一篇名为《紧紧掌握我国整形外科发展方向》的文章，文中他对美容外科的混乱和整形外科的隐患忧心忡忡：

[①] "超女"整容之死反思：整形行业亟待"整形"。新华网网站，2011-6-22。

> 整形外科是一门分科较细、专业性较强、修残补缺、治疗畸形和恢复功能的医学专业……由于受到商品经济浪潮的冲击和影响，目前，美容外科成了一个宠儿。它既能满足追求美的病人要求，又能为从事美容外科手术的医务工作者获得经济上的利益。于是，许多地区、各种大小医疗单位纷纷开展美容外科业务，达到了鱼龙混杂、泥沙俱下的地步。一些没有足够美容外科知识和未经过训练的医务人员，甚至非医务人员也在进行美容手术，以致毁容等严重后果。

更让张涤生担心的是整形外科学科的发展：

> 更有甚者，部分高年资整形外科医生为利所诱，也热衷做美容外科手术，纷纷去外院、外地挂牌行医，有时更放弃休息，全力以赴，以致分散精神体力，打乱医、教、研任务的正常进行，大大影响了我们专业的前景。这就是目前我国整形和美容外科存在的实际情况，不能不引起我们的隐忧。

张涤生以同样的观点教育他的团队，故在上海九院整复外科，美容外科仅是一个很小的分支，不占主流。年轻的整形外科医生在张涤生的影响下，不以赚钱为目的，而从学术修养本身出发，努力提高专业技能，依靠学术实力证明自身价值。这也是上海九院整复外科至今在国内整形外科界居于学术领先地位的重要原因之一。

目前，我国以医疗整形美容诊疗业务为主的医疗机构及各类美容院超过五万个，从事医疗整形美容的专业技术人员和相关人员达 20 余万人，年营业总收入超过 150 亿元人民币，接受过医疗整形美容服务的人员累计达到 300 万人次。其中，在其他美容机构做坏了手术再到上海九院"返工"的并不在少数。2011 年 4 月 27 日，张涤生在接受记者采访时再次呼吁，整形美容医生不要为谋利盲目操刀，病人和求美者一定要慎重选择整形美容医疗机构和手术医生，以防掉入陷阱。张涤生认为，作为整形美容医生要有两个资质：一个是行医资格，另外一个是相关学科的专业资格。

但目前，我国没有完善的整形美容专科医师准入制度，而且在专业资格的审核方面比较模糊。虽然卫生部已对医疗美容技术实行分级管理，明确了各级医疗美容机构实施美容手术的范围，也制定了临床技术操作规范和整形外科、美容医学行业技术标准等，但部分地区并没有严格按照上述法规和标准监督和管理，导致部分私立整形美容机构有章不循。

针对医学美容行业医师资格认证混乱的问题，张涤生提出了自己的想法和建议，他不反对整形外科医生在做好本职工作的同时，拨出部分时间来从事美容手术，但是不能本末倒置，把主要精力用于美容手术以求得个人利益；要加强对进修医生的全面培养，强调掌握整形外科的理论和实践，而不偏重美容外科；要重视对青年住院医生的全面教育和培养，从理论上充实他们，从技术上培养他们，在科研上指导他们，并鼓励他们树立雄心大志，拥有开拓精神，引导他们正确认识自己所担负的历史责任。对于美容外科的发展，张涤生目光长远、思维开阔、见解独到，他鼓励少数专门从事美容外科的医生去研究和提高美容外科学术水平，因为随着社会进步、生产发展和生活水平的提高，美容外科将有自己的发展前途，美容外科要向纵深发展以满足广大人民的需要。

相比西方发达国家对于整形美容外科行业的"高门槛"和"严要求"，张涤生认为中国的整形美容需要规范管理：

> 美容外科是整形外科的一个分专业，要做好每个美容外科手术，必须先具备正规的整形外科理论和临床实践基础。我国目前一时还做不到像美国那样严格要求，要当一名美容整形外科医师必须先有4年的普通外科临床经验，然后再经过2—3年整形外科正规的专业训练，最后还要通过全国的学部考试（Board Examination）才能获得行医执照，才可以开业行医。其他西欧发达国家亦大致如此[①]。

除了呼吁政府和学会对整形美容行业进行规范和管理外，张涤生一方

---

① 张涤生，《创新与求索——我的整复外科生涯》。上海：上海科学技术出版社，2011年，第158页。

面希望病人不要误解美容外科，错误地认为美容外科医师是万能的、安全无风险的，社会应该大力宣传对心灵美的认识和培养；另一方面，他谆谆告诫中青年医生要从自身做起，当一名美容外科医生除掌握医学知识和技术外，必须拥有美学的修养、艺术的修养、人文的涵养和高尚的医德。

我们生活的地球是无比神秘而美丽的，宇宙充满美，大自然是美的产物，我们人体各种组织也是美的集中体现，医生要把受术者的利益放在首位，要讲求质量，每做一次手术要有一定的收获，要让每一个受术者都成为一个精品、一件艺术品。对此，张涤生概括为：

科学求真，真中求美
艺术求美，美不离真
认认真真，开拓创新
首求技术精湛，少求名利得失。①

妙手仁心　行医济世

作为一名整形外科医生，张涤生最欣慰的事情是为患者解除疾苦。2006年，90岁的张涤生仍然活跃在医院手术台上，对眼、嘴等部位有疾患的、高难度手术他都亲自操刀，眼不花，手不抖。张涤生用手中的手术刀为病人带来了重生的希望，创造了无数的人间奇迹。

面部严重烧伤患者的视力挽救

2000年12月30日，张涤生接到紧急通知，一个严重烧伤患者被送到了上海市第九人民医院整形外科急诊室。虽然张涤生在多年的临床实践中

---

① 张涤生：《张涤生院士学术述评集》。上海：上海交通大学出版社，2007年，第39页。

妙手生花　张涤生传

图 5-3　张涤生为殷兆华治疗后，在上海九院手术室外与年轻医生合影

治疗过不少凶险的疾病，但见到这位病人的时候，他还是有些震惊。病人全身被绷带包扎得严严实实，头面部尤其吓人：前额部钻了许多骨孔，已经长出不少新的肉芽组织，眼珠和角膜完全暴露，浸在黄色的脓液中。

张涤生询问病史后得知，病人来自江苏泰州，在驾驶摩托车时不幸遭遇车祸爆炸，烧伤面积达36%，绝大部分是深二度或三度烧伤，经过当地医院抢救后，保住了性命。遗憾的是，主治医师没有顾及视力保护，仅对双眼进行了眼膏涂抹和湿纱布覆盖，结果导致左眼完全失明、右眼仅存光感。随后患者到各大城市寻求救治未果。张涤生以前从未遇到过这样的病例，到底该怎么治疗，他的心里也没有底。但是患者的痛苦让他实在不忍说出"放弃"这两个字，他叮嘱随行的医师将患者收治入院，待他仔细思考后再制订治疗方案。

当晚张涤生就想出了一个治疗方案，第二天清早一上班，他就立刻着手"复明"任务。首先是清洁双眼污垢并护理一周，患者右眼光感增加。其间，他发现患者右眼角膜仍然存在，而且动眼神经完好，眼球可以自由转动，认为右眼视力是可能恢复的。在设计手术时，考虑到颅面部广泛烧伤，眼周、额部为贴骨瘢痕与创面，局部无皮瓣可利用，如应用显微外科游离皮瓣，则存在受区条件差以及供体过于肥厚等问题。经研究认为，局部仅残余结膜可利用，从解剖结构上分析，结膜下层为筋膜囊，在分离解剖时只要不损伤眼上直肌鞘，则对眼球的活动功能不会造成损伤。然后利用残余结膜，与近眶缘处做圆形切开，从上下两个方向分别向中央分离缝合以形成结膜囊保护角膜，所形成创面植皮择期开口形成新的眼裂。手术分期进行，左右眼穿插进行，先从右眼开始，包括结膜囊重建手术及新眼裂形成二期手术。第一期手术于2000年12月31日进行，使用无刺激消毒药液常规消毒手术区，在眼球部位四周球结膜上做环状切开，然后将结膜组织瓣分别在内外眦角平面向上下方翻转，直到上下边缘能相互接触，以形成新的眼球穹窿，达到覆盖和保护角膜的目的。用尼龙线缝合后，在内外眦角部各留下一孔以便引流泪液及分泌物。这时出现一圆形组织创面，未见明显的眼轮匝肌纤维存在。之后从患者大腿根部采取中厚皮片一块，剪裁后移植于创面上，整体覆盖眼球，缝合四周边缘。术后皮片全部成活，眼球活动自如，未见任何感染或不适。第二期用同样方法对左眼进行手术。第三期手术于2001年5月10日进行，局麻后先在皮肤上较正常眼裂偏低2—3毫米的部位做一长约1.2厘米的横切口，小心深入切开球结膜囊，遂见角膜较清澈，仅有少数部位存在白色云翳区。由于眼轮匝肌已丧失，未见新形成的上下睑有开闭功能。然后分别将上下眼裂皮肤缘和结膜囊缝合，形成眼裂长4—5毫米，用上下缝线牵引防止粘连。用眼膏涂抹局部，加压包扎。术后一周拆线，患者已可见医生模糊影像；术后3个月，患者可自行行走；术后一年，眼裂因皮肤收缩扩大，可较清晰识别周围人面貌。2003年1月7日复查时，患者视力达0.3—0.4，可在两米外看电视，阅读较大字体的报纸内容，生活基本自理。

　　虽然只是0.4的视力，但是这对患者来说就是生命的希望。这位被多家医院拒绝治疗、陷入绝境的患者终于在张涤生的手里获得了新生。患者非常感谢张涤生将他从悬崖的边缘挽救回来，他时常写信给张涤生，关心张涤生的近况并说说自己的心声。

　　尊敬的张院士：
　　　　您好！
　　　　您的生日又快到了，来信首先祝您生日快乐！身体健康！笑口常开！
　　　　很长时间没给您写信了，甚是挂念！
　　　　昨天，上海来客人了，您知道吧？！上周李青峰主任来电说：上海市有一摄制组要来泰兴，要来殷兆华的厂子拍摄有关镜头。听后，我们好激动、好开心，因为我们终于有这样一个好机会，在电视上吐露我们的心声啦！

我和殷兆华从上海客人那儿得知，您身体硬朗得很，每天都要到医院去上班，为一些重患者救治身体和心理的创伤，且经常在大会做报告，听力很好……在此，再次祝福您，祝福您身体健康，健康长寿！

张院士，摄制组的同志首先在殷兆华的厂子里拍摄了一些镜头，虽然我想殷兆华的这个厂子不是您心中想象的那种规模（三年半之前，那里只是废弃的六间破屋，屋里杂草丛生，门窗全无，在一次不经意的路过中，殷兆华看中了这块地，然后与这里的三阳村村干部商量想利用它，后来就商议妥了，再后来，从无到有，三年多来，就变成现在这样了。为什么要搬到这呢？三年半前，厂子是在我现在新盖的原旧院子里），可能在您看到所拍片子时您要见笑了，可我要告诉您的是，这厂子在我们这，尤其是对于像殷兆华这样的人来说，已是不错的了，我们太知足了！起码说，殷兆华目前的"作为"被我们方圆几里的人所赞叹，他自己心中也有点洋洋得意，对社会上有点困难的人，他也能小有帮助，对国家来说也算是一个小小纳税人。这一切的一切"成就"，若是没有您的救治，没有您给他的这 0.3—0.4 的视力，能行吗？想都甭想啊！

后来摄制组的同志听我们介绍后，又来到我们现在新盖的房子里（也就是原来殷兆华在家里搞厂子的原旧宅子，去年 6 月 15 日开工的，目前仍有木匠在家里搞装修，外观已差不多了，屋子里面还是乱的）在我家后门外的园子里采访了我。往事不堪回首，在采访的过程中，我几乎没让他们多问，一口气叙述了遇见您的前前后后，真的，一想到那时的情景，尤其想到在九院见到您的第一面的那一刹那，我真的到现在都无法控制我的心情，感觉就是想哭，这是激动的泪、幸福的泪，更是幸运的泪（因为，我们真的遇上了您！）……是您给了殷兆华光明，让他看到了回家的路；是您给了殷兆华第二次生命，让他更珍惜这重生的感受；更确切地说，是您给了殷兆华现在这个厂子，让他能为社会做出一点回报！

……

千言万语只有一句话：谢谢您啦，张院士！

　　我和殷兆华也真想请您来泰兴玩一玩，可又担心您路途劳顿。所以，这次这样的机会也正好可给您带去我们泰兴的一小角别样的乡村风景！

　　打搅您了吧。好啦，今天就说到这啦。最后，再祝您生日快乐！快乐无边！健康长寿！

泰兴　殷兆华　常海萍夫妇
2011.6.8

　　附：寄上一件T恤略表我们的心意，请查收！

采集工程启动以后，张涤生非常支持采集小组的工作，捐赠了大量珍贵的个人物品，比如50多本奖状和证书、20世纪80年代吴阶平委员长写给他的信、四本个人日记。但是，唯独这一封病人的来信，他要自己留着。这种医生与患者之间的真挚感情的确令人钦佩。

胸骨裂患者吴青踏上再生路

胸骨裂畸形是一种罕见的先天性畸形，发病原因可能是在胚胎期第21天卵黄囊破裂，压迫胸骨前壁使两侧肋骨在中央部位合拢、融合，把心脏挤出胸腔而成。全世界仅报道过200多例，存活率极低。1996年2月，张涤生在《报刊文摘》上读到一篇文章，湖北省仙桃县的九岁小女孩吴青不幸患上了这种疾病，全家跑遍全国各大医院，均被拒绝救治，只好通过报纸求救。张涤生设法联系到这个不幸孩子的父母，请他们来上海九院就诊。经过检查和专家会诊，确诊为"严重胸骨裂畸形伴腹壁疝"。她的胸骨仅有正常长度的三分之一，其余三分之二没有发育。心脏被挤出胸腔，幸亏心脏外面还有一层皮肤，没有完全外露，保全了她的生命。心脏下方还有一段类似于肉瘤的突起，实际上是从上腹壁疝出的肠管。幸运的是，她的心脏功能正常，没有伴发先天性心脏病。

根据常年的临床经验，张涤生判断小姑娘的症状属于先天性胸骨裂畸形合并腹壁疝突出症。他立即查阅国内外文献，了解到当时只有44例这种畸形病例的记录，而中国还没有记录。令人担忧的是，多数先天性胸骨裂患者同时会合并心脏畸形，所以为这类患者做手术非常困难。在当时已经掌握的18例此类手术中，只有一人存活。虽然深知手术的危险性，但张涤生对远在湖北农村的小女孩深怀同情，80岁的张涤生决定收吴青住院，亲自为小姑娘做手术。

1996年4月2日上午8时，在张涤生的指挥下，吴青在上海九院的手术室里开始接受手术，普外科主任唐思聪在吴青的身上划下第一刀。10点45分，上海九院副院长钱云良将手术重点转移到吴青的胸腔。吴青手术的关键是为心脏再造坚实的屏障，为保险起见，张涤生设计了双重"盾牌"。首先是"骨盾"，选择髂骨作为骨片来源。术前测量胸骨裂两侧软骨缘的间距最大处宽约6.5厘米，长约9厘米，若切取肋骨，势必对患儿损伤较大，术后被吸收的可能性也较大。而髂骨中央区的骨组织骨质坚实、厚度均匀且不会损伤骨化中心，不会影响日后行走。其次是"肉盾"，即通过局部皮瓣转移来覆盖移植的髂骨，重建胸壁。

手术时，医师分为三组：普外科修补腹壁疝，骨科切取髂骨，整复外科将骨片固定在胸骨和肋骨上，并用转位皮瓣修补胸壁。手术过程如下：打开腹壁，切除疝袋，缝合腹壁切口；切除心脏表面的菲薄皮肤，暴露心包膜，对心脏妥加保护；剥离和暴露两侧第8—10肋骨残端，为植骨做准备；从右侧髂骨中央区凿取面积约6—8厘米的骨片，并从中间剖成两半以增大修补面积；用不锈钢丝将骨片固定在肋骨端，使骨片位于残余胸骨下方以保护裸露的心脏；在左胸侧壁设计一大块蒂在胸侧壁上的巨大皮瓣，掀开后向左侧斜移以覆盖骨片；一期缝合所有创缘。

手术顺利，共持续6个小时。吴青术后第二天，张涤生查房后宣布吴青已平安度过危险期。4月10日，吴青术后第八天，正当张涤生带领几位医生到病房看望吴青时，护士递给张涤生一封从北京寄来的快件，张涤生打开一看是中国工程院寄来的通知书，"祝贺你当选为中国工程院院士，此为国家科技工程领域最高终身称号，特此祝贺。"在场的医护人员和病人兴奋地为张涤生祝贺，一位八旬老人用他的工作和成绩证明了获此殊荣当之无愧。

吴青手术成功意味着张涤生又创造了整形外科领域的一个奇迹。三年后吴青回上海九院复查，植入的骨片质地致密，生长良好。此后，吴青与张涤生一直保持联系，随时向张涤生汇报身体情况和学习情况，现在吴青已经大学毕业了，开始了新生活，她常说"是张涤生爷爷挽救了我的生命。"

1996年，戴萃华写了一首诗《吴青踏上再生路》纪念张涤生率领众医生救治吴青这一难忘的事件。节选如下：

图5-4　1996年张涤生夫妇在上海九院庆祝其当选中国工程院院士的庆祝会上合影

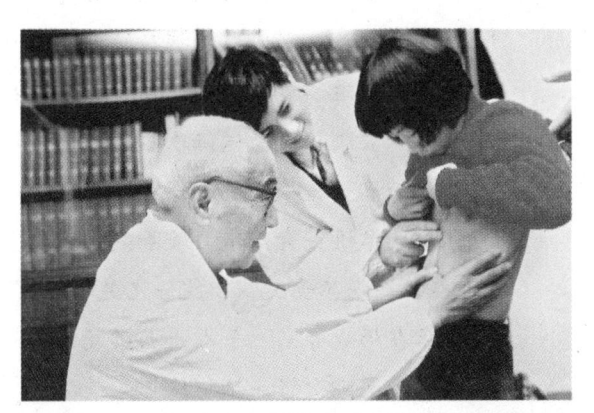

图5-5　1997年吴青术后一年来上海九院，张涤生为其复查

……
球状心脏历历见，腹外紧附一疝瘤。
好比玻璃易碎物，稍不注意化乌有。
见者无不心胆战，愁煞江艳与焕武。
抱女跑遍省医院，变产欠债一万六。
皆言此症从未见，需动手术力不足。
……
著名专家张涤生，整复外科创始人。
五十年代任教授，同济医院主整形。

第五章　开拓创新　*101*

妙手生花　张涤生传

医疗临床半世纪，一颗爱心系病人。
危急挽救不计数，堡垒攻克著勋名。
……
辗转找到患儿父，请来九院按计行。
九院领导亲临阵，张公牵头聚精英。
三次研讨定方案，集思广益赛孔明。
四月二日晨光曦，张公拄拐九院行。
坐镇指挥六时整，一切风险敢担承。
面临手术吴青惊，白衣天使慰语频。
医护人员严阵待，共闯禁区救生灵。
院长主刀施手术，监护病房悄无声。
裸露心脏筑"心房"，一切正常显仪屏。
胃管尿管测压管，保证手术顺利行。
翌日三管一一拔，吴青顿感体舒宁。
张公莞尔逗吴青：侬给爷爷笑一声。
"今日我还不要笑，出院一定笑不赢！"
逗乐在场众专家。手术圆满获成功，
父母眉展满心舒，忙把佳音告亲人。
分享幸福与欢乐，感谢九院好医生。
……

医学外交家

　　从1979年首访印度，到1999年最后一次访问欧洲各国，张涤生在对外交流的道路上正好走过了20年。这20年里，张涤生访问了20多个国家，取得了丰硕的外交成果，不仅在国际会议上展示上海九院在整形外科领域取得的成绩，还与许多大学和研究所建立了稳定的学术交流机制，在外国友人的帮助下拓展了整形外科的治疗范围，建立起颅面外科、美容外科，并先后推荐80余名年轻医生出国学习，培养了几代后起之秀。如果说改革开放以前的上海九院整复外科还是"养在深闺人未识"的话，那么1979年后可谓"天下谁人不识君"了。

张涤生曾经将他对外交流的经历比喻成"滚雪球"，名气越滚越大，了解上海九院整复外科的专家也越来越多，随之而来的学术交流机会也逐渐增加。但是张涤生非常谦虚：

> 我个人非常幸运地抓住了这个机遇，推动了这个"外交雪球"不断向前滚动，同时也把我国整形外科专业推向了世界，颇具令"天下英雄竞折腰"的豪情，当然这绝不是我一个人能力所及的，我依靠的是国家的强大兴旺，依靠的是九院整个团队的共同努力，我培育了他们，他们更为我撑了腰[1]。

在谈到送学生出国培养时，他说：

> 我不过是为他们找一个机会，给他们一把开门的钥匙，以后发展的道路是他们自己闯出来的，成果应该属于他们自己，归功于强大的祖国支持。他们大部分人都不负我的心愿，回国后有了不同程度的发展和成果，成为众望所归、各专科的接班人或不断开拓者[2]。

在国际学术交流中，张涤生不仅带动了上海九院整复外科的发展，而且努力学习他国他人的先进技术和经验，为提高国内整形外科理论和技术创造条件，同时他积极送年轻医生出国培养，既为伯乐又为千里马，在对外交流中发挥了重要作用。

---

[1] 张涤生，王文虎，方孟梅：《神在形外：张涤生传》。上海：上海交通大学出版社，2006年，第152页。

[2] 同[1]。

出访印度

1978年，改革开放的春风吹开了中国久未开启的国门，更为无数像张涤生这样的好学向学之士开辟了一条通往国际交流平台的康庄大道。1979年冬，受国家卫生部指派，张涤生与北京积水潭医院的杨克非医师一道前往印度孟买参加亚洲第1届手外科会议，并在这个古老神秘的国度收获了友谊与尊重。杨克非先生所在的北京市积水潭医院是我国著名的创伤骨科医院，以治疗手部创伤广受赞誉；张涤生供职的上海九院整形外科以治疗手部晚期烧伤为特长，并且在应用显微外科技术修复手部创伤方面拥有先进的技术水准与丰富经验，因此在这次国际会议上，两位学者所作的学术报告尤其是张涤生宣读的学术报告《手部晚期烧伤畸形507例分析和8点方法改进》获得了与会各国专家的高度赞赏与认可。同时，两位学者汇报的中国手外科先进成就令外国业内学者大为惊讶，与会者难以相信一个饱受战火摧残的古国，一个紧闭国门30年的新国，能够在手外科方面达到如此先进的水平。这次会议虽然只是一次亚洲的地区性会议，但会议不仅云集了来自印度、新加坡、泰国等国的学者，更吸引了来自美国、奥地利和欧洲其他国家的著名手外科专家。

这次会议虽然历时不长，规模也不大，但正是这次孟买之行使得张涤生收获了弥足珍贵的认可与感情，更开启了他举足国际、放眼世界的交流历程。随后张涤生接二连三地参加了一系列外事交流活动。

出访新加坡

图 5-6 1981年11月张涤生收到的新加坡医学科学院致谢奖牌

1980年到国外出访的机会再次降临到张涤生身上。张涤生收到了新加坡大学的邀请，邀他参加于该校举行的三个交流会议——国际手外科讲习班、显微外科学习班以及第15届新加坡普外科学术会议。三个会议共耗时近半个月之久，其间张涤生与各国专家交换学术观点、讨论科学问题，在相互学习的同时结下了深厚的友谊，尤其是与澳大利亚欧文教授（Earl Owen）和新加坡罗伯特教授（Robert Pho）增进了感情、加强了信任。值得一提的是欧文教授当时已是国际显微外科学会理事会主席，在与张涤生相处的十余日里，他对中国的显微外科现状十分关注。在交谈中，他不仅了解了中国显微外科的水平，还深刻认识了张涤生所在的上海九院在显微外科方面取得的学术成就。在表达惊喜与肯定的同时，他诚挚地邀请张涤生于次年5月参加在悉尼举办的第七届国际显微外科学术大会。

出访澳大利亚

1981年5月，张涤生应邀前往悉尼。初到悉尼，张涤生首先在举世闻名的悉尼歌剧院大礼堂做了数场有关显微外科的学术报告，包括《中国显微外科的进展》、《应用肠段移植再造食管缺损》等。在报告中，张涤生大胆地提出了应用显微外科进行肠段移植修复食管缺损的设想，这使得这项高精尖技术的应用范围大大拓宽，也解决了困扰医生多年的疑难问题，填补

图 5-7 1982年在澳大利亚悉尼参加国际显微外科会议上致辞

图 5-8 1981年在澳洲与瑞典淋巴学研究者合影

了学术空白。这一提议令与会各国专家学者大开眼界,张涤生的学术见解获得了充分肯定与高度赞赏。因此,在大会落下帷幕之时,张涤生被正式接收为国际显微外科学会会员,并获邀参加 1982 年 5 月在法国里昂举办的第 7 届国际显微外科学术会议。可以说这次澳洲之行开启了张涤生远赴欧洲交流的大门。

出访欧美

1982 年,张涤生应邀前往英国。虽然,在 Bristol 举行的英国显微外科学会刚刚成立,会员不过十余人,但作为 Townsend 主席亲自邀请的客人,也是当届会议上唯一一位外国来宾,张涤生受到了英国专家的热烈欢迎与热情接待。在会议主办方的安排下,张涤生先后前往格拉斯哥、爱丁堡、伦敦等城市进行讲学,并受到英国显微外科方面专家的一致认可与赞赏。

英国之行结束后,张涤生随即踏上了他的法国之旅——参加第 7 届国际显微外科学术会议。在这次国际性会议上,张涤生做了四篇关于手外科的学术报告,均获得了国际好评,并被推选为国际显微外科理事会理事之

图 5-9 1982 年赴英国参加显微外科国际会议(前排左八为张涤生)

图 5-10　1982 年在伦敦参加显微外科国际会议期间到英国教授家做客

一。除他之外，参加会议的还有来自上海六院的于仲嘉主任及同样在手外科领域颇有建树的来自北京市积水潭医院的韦加宁医生。可以说，这次医学会议是中国医学走出国门、走向世界舞台的开端。

英、法之行刚刚结束，张涤生又收到了美国整形外科学会教育基金会的邀请，这封沉甸甸的邀请函来自一位对中国有着深刻认识与兴趣的国际友人——美国整形外科协会的当选主席 Garry S. Brody。这位在中国医学界颇具盛名的美籍朋友在访问中国后，毅然决定邀请张涤生这位中国整形外科领域的泰斗到美国夏威夷檀香山参加会议并以每年一度的 Maliniac 基金奖励学者身份去讲学。在 Brody 先生的盛情之下，同时为了使中国的医学发展成就受到更广范围的国际认可，已经年逾六旬的张涤生又马不停蹄地登上了飞往大洋彼岸的飞机。首先，张涤生来到了位于夏威夷的毛维岛，参加在那里举行的美国手外科会议，并在会上宣读了他精心写成的学术论文，论文中浓缩了张涤生潜心研究多年所取得的学术成果。此后，他又随同众人前往檀香山参加随后在此举行的美国整形外科第 36 届全国会议。在会议的最后一天，张涤生在会上进行了长达一个小时的学术专题报告，题为《中国整复外科进展》，主要汇报了新中国成立后我国整形外科领域的发展状况和上海九院在整形外科方面取得的临床科研新成果。报告赢得了热烈而持久的掌声。在这次会议之后，Brody 先生又先后安排张涤生前往洛杉矶、旧金山、明尼苏达等美国内陆城市进行巡回讲学。这次美国之旅使张涤生结交了包括 Ian Jackson、William Shaw、Henry Kawamoto、Willian Little、Lar Vistnes、Harry Buncke 等美国著名整形外科专家在内的许多国际一流专家学者，时至今日，张涤生还一直与这些志同道合的国际友人保持着密切的通讯联系，维持着深厚的友谊。

这次美国之旅对张涤生来说意义非凡，在美国费城学成归国之后，张涤生已经阔别美国长达 34 年之久，而这次的美国讲学使这位学在美国的中国学子，再一次感受到了美国学术界的活力，这令张涤生心潮澎湃而又感慨万分。通过张涤生的讲学，上海九院在世界范围内名声大噪，尤其是在显微外科、颅面外科、手外科、烘绑治疗肢体淋巴水肿等特长领域受到了国际范围的赞赏与认可。

对张涤生的外事交流生涯来说，1982 年是硕果累累的一年，也是里程碑式的一年。在这一年，张涤生经历了英、法、美三国之行后，相继成为美国整形外科学会通讯会员、国际显微外科理事会成员、美国整形外科学报特邀主编、欧洲整形外科杂志编委、国际淋巴学会会员以及英、法、美多个国家著名大学访问教授、客座教授等名誉称号。但对张涤生而言更为重要的是收获了与众多国际水准的相关专家、学科领头人的深厚情谊，寻到了学术伴侣与知己，使他在日后漫长而坎坷的学术之路上有朋可依、有友可寻。从此，在张涤生的推动下，中国整形外科专业走上了世界舞台，不断前进。

图 5-11　1982 年 5 月赴法国参加国际会议后收到 Naurcy 市长赠送的礼物

送出国门育后学

张涤生不仅出国开展学术交流，还努力创造条件把年轻人送到国外培养。1980 年，张涤生推荐上海九院整形外科的主治医师王炜赴美进修手外科，为期一年。这是他首次选送青年医师出国培养，在这之后一位又一位优秀的有志青年在张涤生的帮助下乘风破浪、踏上出国深造之路。

其间，张涤生还经历了一件令他颇感遗憾的事情。在参观加州大学 Irvine 分校附属 Downey 手功能康复中心时，张涤生为那里的设备之先进、规模之宏大、制度之严格、医疗水平之高超、治疗条件之优越感到深深的折服。当时，虽然国内的不少专家已经认识到任何整形外科进行的手术对于病人的真正康复而言仅仅是行百里者半九十，剩下的更为重要的是术后康复治疗，包括理疗、体疗等。但是，由于国内经济、医学水平发展的限制，这一思想无法被应用于临床当中，医生只能反复叮嘱病人在出院疗养期间自主地进行一定程度的康复治疗。所以，当张涤生看到美国加州的这所康复治疗中心时，激动之情不言而喻。并且，与他 1979 年在印度孟买市中心医院曾经看到的康复中心相比，美国的这个康复中心更加科学，技术水平不可同日而语。他当即与 Brody 教授协商，决定于第二年由张涤生选派一队国内医学工作者组成学习小组，出访美国学习这里的术后康复治疗。1983 年，张涤生从上海选送许礼根医生以及李贞、杨晓红两名护士组成了三人学习小组，赶赴美国加州大学 Downey 手功能康复中心取经。一行三人在美期间的所有费用都由美方承担。学成之后，踌躇满志的三人回到祖国，正准备大干一场时，接二连三地遇到了经费紧张、土建困难等客观问题，这项意义深远、有益于民的工程就这样被现实条件减速了。几年间，康复中心的建设状况并不乐观，规模很小，远没有 Downey 手功能康复中心的规模与治疗水平。不久之后，负责这一项目的许礼根医生不幸患上乙型肝炎，离职回家休养。李贞在两年后与一位美国人结婚，并在婚后离开了上海九院。再后来，杨晓红也离开上海前往美国发展。至此，曾经的三位赴美学习人员全部离开了九院，离开了张涤生信念寄托的康复项目，而上海康复中心的建设也就此搁浅。直到现在，上海的手功能康复中心也没能如张涤生所愿红红火火地建设起来。这是令张涤生深感遗憾的一件大事，也是他热切盼望能够实现的一件事。

引进专家来讲学

在国人纷纷走出国门、放眼世界的同时，来自各国的专家学者也终于迎来了造访中国的机会。就在 1982 年的春天，一个英国显微外科代表团在英国整形外科主席 P. Townsend 的率领下来中国学习访问，在先后参观了北京、上海多家医院之后，在上海第六人民医院陈中伟教授的陪同下，来到张涤生所在的上海九院。当时，正值九院整复外科大楼新病房落成，恰在举行一个展示九院科学技术发展成果的图片展。在展出的众多技术成就中，有关显微外科的许多新成果引起了英国代表团的浓厚兴趣。在这次简短的访问即将结束之时，Townsend 从口袋中郑重地拿出一个信封交给张涤生并轻声询问："明年 4 月能否邀请您去英国参加英国第一届显微外科学术会议？那将是我们显微外科学会的成立大会。"张涤生欣然接受并将日程安排在第 7 届国际显微外科学术会议前，这就促成了张涤生 1982 年的英法之旅。

积极助力促合作

1982 年，中国与澳大利亚开始在显微外科领域合作。第一段合作自"中澳显微外科交流合作协议"起，一直到 1985 年中澳显微外科技术学习班的结束。在这短短四年中，中国方面尤其是上海九院与澳大利亚的交流合作一步一步加深，从一开始简单的外科技术交流到 1985 年上海九院组办学习班以提高一部分医生的技术和知识储备，再到选派陈守正、施耀明两位医师远赴澳大利亚学习澳洲先进的整复外科技术和设备，这一交流活动极大地开阔了以张涤生为领导的上海九院外科手术团队视野，为上海九院培养了一大批在显微外科颇有成就的医师，这也使得张涤生如虎添翼，不断地获得新的经验与知识，追赶甚至赶超世界一流水平。

1984 年，时隔两年后张涤生再次开启法国之行。不过这一次，张涤生是去南锡参加法国与中国一起组织的中法显微外科学术会议。或许是看到了中澳在显微外科领域的合作成就和便利，法国很快联系了中国，并与我国一道开展显微外科领域研究。而此时的张涤生则当仁不让地成为这次会议的应邀医师，带领着医生们开启了这次法国之旅。

中法两国（这里的"两国"不代表国家，是分别来自中国和法国的两所大学）很快便找到了合作的最佳途径。根据在显微外科学术会议结束后达成的中法显微外科合作交流协议，上海第二医科大学和法国南锡大学在之后的两年中不断交流合作。其间，法国代表团先后三次来中国进行讲学交流，充分提高了我国显微外科的水平。而中国专家团也三次回访法国，并在南锡大学进行学术讲学。此外，中法两国互派医师学习交流，其中中方由张涤生选派了兰桂佩、钱云良、王善良三位医师奔赴南锡大学进行学习一年；而法国方面选派 Amend、Masquelet 及 Begue 三位医师来上海第二医科大学讲学一年。

1984 年张涤生远赴澳大利亚参加国际颅面外科学术会议。这次会议使张涤生又一次被国外的先进医学技术所吸引，而当时的中国颅面外科基本上是一片空白，这令张涤生决心为祖国争取一个大力发展颅面外科领域的

图 5-12　1985 年代表上海九院签订中澳颅面外科合作交流协议

图 5-13　1985 年代表上海九院签订中澳颅面外科合作交流协议后与专家合影

机会。功夫不负有心人，在张涤生的积极争取下，中澳两国一拍即合，在显微外科领域合作结束之后，又一次在颅面外科领域开展合作。这是一个为期五年的合作协议，1986—1990 年澳大利亚阿德莱德儿童医院颅面外科中心以 J.David 教授为首的四人代表团，每年都会来上海进行交流及手术示范，而我国也抓住机会，先后选派两组医护人员共七人前往澳大利亚学习交流，冯胜之、丁美修、黄文义、沈建南、关文祥教授均在其列。

经过了改革开放，中国开始从最初的学习国家迅速成长为一个能够向国外输出技术资源的国家。1985 年，张涤生一行六人前往长崎、东京、京都三个大学进行讲学交流活动。充分显示出中国在整形外科领域的长足发展。其间，上海九院代表团在中日整形外科学术交流中达成合作协议，使中国与日本两国在整形外科医学领域开始了不断交流和发展，成为两国国际合作发展的模范。1985—1987 年，中国和日本先后两次举行整形外科学术交流，一次在日本长崎，另一次在中国上海。然而，原本计划长期进行的中日整形外科合作却因为各方原因，终于未能坚持下去，仅仅持续了两个年头。随后，辽宁杨果凡等组织的中日交流协议继之而起，逐渐取代了上海的这项协议，并坚持走过了几十个年头，一直持续到现在。但不管怎样，张涤生开启了中国在整复外科领域与日本合作的先河，人们不该忘记这位敢吃螃蟹的带头人。

改革开放的十年间，张涤生成为国际整复外科界最活跃的中国人，在国际上获得了盛誉。此时的张涤生意识到自己让中国整形外科在世界舞台上发光的使命已经圆满完成，他开始努力让自己静下心来，准备再一次回

图 5-14　1985 年赴日本长崎签订上海第二医学院与长崎大学合作协议（前排右五为张涤生）

到潜心研究的年代。而此时张涤生却收到前往美国八大城市进行讲学的邀请。然而，日渐虚弱的身体让家人朋友们为之担心，但他没有顾虑太多，依然奔赴美国，精心讲学，却忽略了自己的身体情况。工作的过度劳累终于让张涤生累倒了。因为外科医生的工作特点，张涤生常年在站立或者坐着的状态下完成工作，因此患上严重的颈椎病，并在其讲学前期发作了。

张涤生一直带病在美国讲学，顶着身体和心理的巨大压力，让自己的讲学尽量精彩完美。然而，当巡回到旧金山讲学的时候，张涤生已经无法支持下去了。他每晚都无法入眠，而繁重的讲学任务和对工作的完美追求让张涤生

图 5-15　1986 年访问法国波尔多大学时与医务人员合影
（前排左三为张涤生）

第五章　开拓创新　　*113*

开始心理失控，不得不终止了美国之行提前回国。

此后，张涤生慢慢地退出了国际舞台。1999年，张涤生又一次出现在了世界的聚光灯下，应邀参加在意大利Gubbio市举行的第37届整形外科会议。会上的张涤生看上去神采飞扬，然而他自己知道自己已经力不从心，再加上夫人患病，张涤生从此结束了国际交流的生涯，专心留在国内。

无论是出国学习，还是国际交流讲学，张涤生给人们的印象总是谦逊而又认真博学。从一个青涩的学子成长为一位世界著名学者，张涤生为中国整形外科书写下一段精彩历史。

心系整形话交流

毫无疑问，张涤生是一位杰出的对外交流专家。甚至可以这样说，上海九院整复外科能够在改革开放以后异军突起，成为中国整形外科学的中流砥柱，离不开张涤生出色的对外交流能力。凭借早年打下的英语基础，张涤生能流利地与外国同行交流，而且以诚相待，既不卑躬屈膝，亦不骄傲自大。总结张涤生20年对外交流的成功经验，我们得到了下面三点启示：

首先，开展外事活动必先奠定自己的专业基础，不断创新。学术活动是一项互相交流、互相补充、互相提高的过程，单方面的学习只是短期的、一次性的。因此必须自己先有些特长可供他人学习、讨教，提高自己的学术地位，这样才能让外事活动像滚雪球般越滚越大。比如，1979年张涤生在印度首次参加国际会议，虽然只报告了两篇论文，但内容新颖、有创造性、学术水平较高，引起了欧美发达国家医师的注意。

其次，瞄准国际最高水平，通过请进来、派出去、学人之长、补己之短来建设自己的学科，也就是人们常说的"外事工作要为内事服务"。张涤生没有把出国开会和访问当成个人炫耀的资本，他想的是如何利用国外先进力量帮助整个科室的发展，所以一旦有出国机会，他总是让给年轻医师，为他们提供更多了解世界先进水平的机会。张涤生非常谦虚地说道：

单靠我个人经常出国开会肯定是不够的，而且还是自私的。作为一个上海市的重点学科，要把自己的专业和科室建设提高起来，具有国际和国内先进水平还得采取以下两个步骤。第一是"请进来"，首先必须信息灵通，了解国际情况。谁是某一领域的权威，我们和他之间有哪些环节存在差距……这样有目标地在名额内（计划内的）和名额外邀请各国专家来上海讲学、手术示范、传授经验……第二方面是"派出去"，我先后推荐了多名青年医生、护士分别前往美、日、澳、法进修手外科、显微外科、颅面外科、唇腭裂修复和手功能康复等专题，都是学有专长。[①]

第三，利用医学外交，推动学科发展。张涤生的高超医术和高尚医德在国内外的患者中口口相传，为他开展医学外交奠定了基础。在同世界同行交流的过程中，张涤生开阔了眼界，学到了很多国外整形外科学的现实经验，利用出国访问的机会也结交了许多外国友人。张涤生不仅名扬海内外，他所领导的上海九院整复外科也声名鹊起。20世纪80年代到美国访问期间，他在洛杉矶偶然看到一张美国出版的上海旅游地图上面标记了上海的四家医院，其中就有上海九院。直到今天，上海九院整复外科仍然是上海九院重要的特色科室，国内外慕名而来的患者络绎不绝。

今天，张涤生彻底走出了国际视野。遥想当年在法国的指点江山，在澳洲的激扬文字，在美国的神采飞扬，依旧让人心动不已。然而花有重开日，人无再少年，张涤生在世人的不情愿中慢慢老去，渐渐地只留下淡淡的身影。回望张涤生这一生，又有多少艰辛，多少荣耀。在荣耀与艰辛背后刻画着张涤生的外交历史箴言：精于外语、术业专攻、紧跟时代、坦诚交友、加强友谊。时间依旧流转着，但它不允许我们忘记，张涤生在自己的暮年，成就了自己的学术壮年；他用自己的行动成就了我国整复外科在世界上举足轻重的地位；我们也不能忘记，张涤生那专注、认真的品质不仅成就了他丰硕的外交成果，成就了整复外科，更成就了世界之林中受人敬仰与尊重的中国。

[①] 张涤生：我对如何做好国际学术交流工作的体会。2010年，未刊稿。资料存于采集工程数据库。

第六章
搭建专业队伍

教书育人

1978—2003 年，张涤生共培养了一名博士后、23 名博士和九名硕士。现在，他的学生已经逐步成长为中国整复外科的领军人物。学生的成绩自然离不开老师的精心栽培，张涤生对待学生就像对待自己的孩子一样，因为他知道年轻人是整复外科发扬光大的种子，只要用心浇灌，他们必定会成为医学领域的参天大树。而在学生眼中，张涤生不仅是一位学识超群、德高望重的专家学者，更是一名循循善诱、关爱后辈的恩师。

有教无类、因材施教

范先群，现任上海九院党委书记、眼科主任，是张涤生的得意门生之一。1983 年，范先群成为张涤生的博士生，在回忆自己当年的选择时，他至今仍对很多细节记忆犹新。

图 6-1 1991 年上海九院整复外科建科 30 周年之际张涤生与学生及全科工作人员合影

刚刚考上研究生的时候，张涤生就教导范先群，整形外科有整形和美容，尽管美容很赚钱，但他希望自己的学生能扎扎实实地做整形外科，不要把美容外科作为主要方向。这句话至今仍然深深铭记在范先群心中。在确定专业的时候，张涤生建议他选择眼眶外伤，因为当时的社会经济已经有所发展了，车祸或者工业外伤会越来越多，眼眶外伤会越来越多，同时范先群在硕士阶段学习的是视觉电生理，张涤生建议他把视功能监测的方法和眼眶外科视功能恢复结合起来，当时这在国际上还没有人做。这个选题——把视功能的恢复和眼眶的整复结合起来让范先群受益至今。

我记得很清楚，当时我们眼科的眼眶外伤手术一年大概有几十例病人……什么叫眼眶整形？眼眶骨折了以后，眼眶会凹得很深，整个颜面都畸形，我们不但把外形做好，同时还能恢复眼球看东西的功能。由于张老师 1995 年就给我定了这个题目，我们走得比较早，走在了国内的前面，甚至有些方面走在了国际前列。[1]

---

[1] 范先群访谈，2010 年 6 月 1 日，上海。资料存于采集工程数据库。

在范先群看来，孔夫子有两句话最能反映张涤生培养学生的理念：有教无类和因材施教。"这个学生只要你愿意念，我就教你"，这是有教无类；"不但要招你做学生，你研究什么，怎么研究，他一步一步都给你培养好，定好方向"，是谓因材施教。

在范先群的心目中，张涤生在学术上是医学大师，其在淋巴医学、整形外科学、颅面外科学、显微外科学等方面也是一位开创者、大师级的人物，但是他认为自己得益更多的还是做人、做事、做学问的方法。张涤生在1996年就已经当选为中国工程院院士，那时院士非常少。每次范先群去找张涤生请教问题，他都讲解得耐心细致，并且常常给学生推荐最新的文章和书籍。每次布置任务时，张涤生都会跟学生一同探讨专业里面最难的问题。在师从张涤生学习的过程中，让范先群印象最深刻的是张涤生高尚的医德和风范。

图6-2　2010年12月范先群接受采集小组采访（胡俊摄）

我一直觉得张老师在那一坐就是一位大师，这个风范和气场我可能永远也学不到，但是时刻都在影响着我……他现在还在教学生，已经这么高的位置了，但是他对待每一位学生、每一位病人都很好。当时我遇到一位病人，眼皮没有了，眼睛露在外边。所有的眼科医生都束手无策，但是张老师敢做，经过他的大胆抢救，后来这位病人视力恢复到0.3或0.5。张老师的创新和对待每一位病人认真的精神是值得我一辈子学习的。在做学问上，张老师对我的影响就更深了。我刚刚拿到张老师的一本著作，他去年还主编了《淋巴医学》。95岁的高龄还在不停地写书。不单是写书，我们交大医学院的院报上还经常有他写的回忆录，从抗日战争写起，写他的一生之路。张老师不停地写东西、改东西。所以无论做人、做事、做学问以及终生的学习，对我而言都是终身的受益。①

张涤生的做人、做事方法带动了身边的一批人。在他做上海九院院长的时候，医院就逐步形成了自己的文化，他的继任者总结为八个字：风正、心齐、气顺、劲足。上海九院从张涤生开始就确定了做事情的风格：踏踏实实、认认真真地做好每一件事情，服务好每一位病人。从1991年至今，在这短短的十几年里，上海九院出了三位大师、三位院士，并且还有一批知名专家。范先群认为这跟张涤生当院长时树立的医院文化不无关系。今天的上海九院非常重视医院教育，时刻把张涤生等几位院士作为所有医生尤其是年轻医生的榜样，医院还定期举行学术活动、思想教育活动、院士事迹介绍，通过言传身教来教育年轻医生继承九院优良传统，把事情做到实处。张涤生留下的文化影响成为上海九院的宝贵财富，也是范先群一生的宝贵财富，诚如其说：

张老师是我们国家整形外科学的开创者、奠基者，这一点是毫不夸张的。张老师桃李满天下，是集大成者，是整形外科大师、医学大师。他的学生很多，有"973"科学家、国家杰出青年科学基金获得者、长江学者，也有国内整形外科界很顶尖的人物。做张老师的学生是我终身的荣耀，也是我终身的荣幸。②

大医风范、宽容仁爱

李青峰是张涤生的又一名得意门生，现任上海九院整复外科主任，教育部长江学者奖励计划特聘教授。在李青峰的心目中，恩师张涤生的一生有着不同寻常的传奇色彩：生于战乱时代，少年求学于地方名校，青年觉醒在抗日学潮，而其专业生涯则起步于中缅战场，深造在美国名校，实践

---

① 范先群访谈，2010年6月1日，上海。资料存于采集工程数据库。
② 同①。

在抗美援朝，积累于大炼钢铁，发展在改革开放。

李青峰记忆中的张涤生总是迎难而上，甚至自找困难，从骨子里热爱医学探索，勇于挑战，勤于开拓。张涤生在回忆过去诸多的复杂病例时，曾对他说：

> 那时做了一个大手术，身心疲惫，接下来提心吊胆好些天，好容易病人康复了，手术成功了，却又开始了新的一个疑难病例的治疗，"提心吊胆"又来了。

这种身心俱疲的工作伴随着张涤生走过了一生，其间他从未退缩过。对医学、对整形外科事业的热爱和赤胆忠诚，铸就了张涤生孜孜不倦地探索、勇于挑战、善于开拓的科学创新精神。

作为学生，李青峰对张涤生的"宽容"印象尤其深刻。每次跟张涤生交流新的学术观点，他都鼓励学生拥有自己的想法和思路，以免因自己固化了学生，更不想让自己的权威影响同仁和后辈。

> 1994 年，我成为张老师的第一个博士后，我常向他汇报相关研究问题，当时我选择了"电击伤手功能重建诊治研究"、"周围神经损伤生物学治疗"等几个方向，从立项、研究到总结，我是在认为自己写得很棒、想得很棒、做得很棒中，充满激情地一路成长而来。现在回头来看，当然不是那么的棒，有许多观点甚至与老师的相悖，有些只是可能的探讨而已，而有一些则逐步逐步成

图 6-3　2010 年 12 月张涤生与李青峰讨论问题（胡俊摄）

熟了……宽容是创新的基础，从张老师众多杰出学生的成长过程和成就来看，无不印有张老师这一独特引领的烙印。也正是这种不固化他人、鼓励个性发展的为师之道，使得学科萌发出许多新的生长点和专业点。我也深深理解了张老师这一宽容、鼓励而又不失引导的教育方法，正如他所说，"独木不成林，只有一片森林，学科才能真正发展。"在他这一"宽容"的引领下，学科人才辈出，一颗颗亮点彰显了学科的影响和蓬勃的发展。

作为一名医生，李青峰从张涤生身上看到了何为一名受人尊敬的医生。他回忆道：

每到感恩节，张老师都会收到一封来自江苏某位患者的感谢信，感谢张老师给了他和他的家庭第二次生命，在他当年因重伤无人援以救治时，张老师不但给予及时的救治，并像亲友一样关心他的感受，帮助他走向新的人生。

张涤生能拥有这样一批每每相聚如同老友重逢的病友，是因为在临床诊治过程中，他每每用心去关爱患者，为患者着想，为病友所思。张涤生用近70年的从医经历，实践和彰显了"医者仁心"这一最为崇高的医生职业精神。若用一句话形容李青峰心中的张涤生，莫如当年张涤生对他的教诲，"大医者，精深；大医者，宽容；大医者，仁爱。"

高山仰止的导师、科学创新的典范

上海九院整复外科教授李圣利每次谈起张涤生，言语中都透露出深深的敬意。他称其为在人生成长过程中对自己影响最大的老师，他曾写下"传道授业，高风亮节；整形鼻祖，名扬四海"16字敬献恩师，同时也是他对恩师几十年从医、从教、从研的真实写照。

90年代初报考研究生时，大学研究生导师为数很少，博士生导师多是国内这个学科领域的权威和顶级专家。李圣利读研期间的研究方向是肢体淋巴水肿的发病机理和烘绑治疗，张涤生说过一句话让他记忆犹新，成了他矢志不移的人生主题句："作为学生，你现在的研究课题就是你一生的努力方向。"在张涤生亲自指导和培养的几十位整复外科研究生中，研究方向分布亚学科各个分支领域，指导的学生大都秉承师言，坚持在最初的选题方向并不断推陈出新，这也是该学科不断发展壮大的奥秘之一。

1996年博士研究生毕业后，李圣利除了做好本职医疗工作外，同时还担任张涤生的学术秘书。因此，在组织上给张涤生安排专职秘书之前，他办公室就多了一张小桌。此后，张涤生的办公室在上海九院老整复外科大楼和续接楼层曾几易其址，这张小桌一直伴随着李圣利，念物思情不肯舍弃，直至搬到目前的新大楼时才不得不忍痛弃用。那段时间是李圣利接触张涤生最多、受言传身教最直接的几年。张涤生的严谨思维和一丝不苟，他的博闻强记，对于中英文写作的信手拈来，让李圣利切身体会到何为高山仰止和永远不能企及。有时候手头事情太多，李圣利也难免偶犯"偷懒"，张涤生明察心知，总是适时提醒，从不为学生的"拖"事而责备。还有一个细节给李圣利留下了深深的印象——张涤生对自己安排的事情很长时间也不会忘记。李圣利时常想老师之所以90高龄仍保持超越常人的记忆力，除了他先天智慧过人，一定也与他常用脑、勤思考有关。

李圣利记忆中的张涤生在专业领域总是能去伪存真、去粗取精，紧紧把握学科发展的脉搏和主线。比如把显微外科引入整形外科创立整复外科，并提升到修复重建外科的高度，是学科发展与时俱进和概念的创新，极大地拓展了学科领域和空间，也促进了学科的交叉和融合。从张涤生最早创立我

图6-4 2010年12月李圣利接受采集小组采访（胡俊摄）

国颅面外科并著书立说,到思考并倡导颅面和颌面外科联合,建立更适合学科协调发展的颅颌面外科,无不登高望远,体现其长者智慧。

记得有一段时间,在看到美容外科蓬勃发展但又良莠不齐时,张涤生既高兴又忧虑。高兴的是整形外科技术终于在迎来小康生活的今天能够更好地为人民服务,不断满足求美者日益增长的需求;担心的是若不规范管理和严格要求,也会带来不应有的并发症和问题。早在多年前,他就为此撰写了《紧紧把握整形外科的方向》一文,呼吁业界注意。李圣利认为即使现在读来仍会让人耳目一新,富有时代感,充分体现了张涤生的前瞻性。

李圣利对张涤生在学科人才梯队建设和后备骨干培养方面的工作更是钦佩不已:

> 他常教导我们做外科医生务必要三会:一是会做,二是会讲,三是会写。会做就是要把手术做好、做精;会讲就是把经验传授给学生和后来者,达到教学相长、知识传承,还有更重要的是能在国内外重要会议上演讲表达;会写就是把自己的经验和创新及时地在国内国际杂志上发表,获得学术同行的认可,尤其是英文杂志的发表更为重要。

一个学科带头人成功与否的标志不仅仅是他在其位的时期,更是他离开岗位后学科建设的高度。在李圣利看来,上海九院整复外科今天的成就和学术地位应该是对张涤生在人才培养和学科建设方面多年来所付心血的最好回报。

在李圣利家中,张涤生放大的照片一直被摆放在客厅书架醒目的位置,家里的孩子从小就能准确辨别张爷爷来电那熟悉而又亲切的声音。作为他的学生,李圣利一直深感荣幸。张涤生的国际化视野,由衷的敬业情怀,丰富的人文底蕴,高风亮节,矢志不渝对事业的追求,凡事的敏锐洞察力和细致入微的关爱,不仅惠及学生和络绎不绝的求医者,也潜移默化地影响、激励着一代又一代后来者在医学科学的道路上不断向前,成为他们心中"永远的导师和旗帜"。

上海九院五十年

从1961年张涤生创建上海九院整复外科，到如今（2011年）上海九院整复外科成为国家重点学科、教育部"211"工程重点学科、上海市整形外科医疗中心、中华医学会整形外科分会和中国康复医学会修复重建外科委员会主任委员单位，已经过去整整50个寒暑。在这50年中，上海九院整复外科从无到有，从小到大，从弱到强，从诸事初创到成就斐然，从享誉国内到蜚声海外，从张涤生独领风骚到人才济济，走过了一条辉煌道路。

创建整复外科大楼

1958年，广慈医院成功救治了大面积烧伤的钢铁工人邱财康。张涤生以此为契机，于1961年在广慈医院创立了整形外科并担任科主任。最初科室成员很少，只有张涤生、黄文义、王德昭、王炜、卫莲郡、丁祖鑫和刘根娣等不到十人，病床也只有六张。1966年科室并入上海第二医科大学附属第九人民医院。今天的九院整复外科拥有数百名医护人员和170多张病床，而且拥有属于自己的专科大楼，整复外科大楼的兴建无疑是九院整复外科发展史上一件举足轻重的大事。

从上海九院整复外科建立到20世纪70年代末，以张涤生为首的整复外科开拓者们励精图治，不断进取创新，完成了许多看似不可能完成的突破性手术，将上海九院的整复外科发展成一门引领国内学科发展的先进学科。即使是"文化大革命"期间，也没能阻挡他们前进的脚步。全国各地甚至世界各地的患者们纷纷慕名而来，希望这个屡屡创造奇迹的集体也能替自己排忧解难。当时上海九院整复外科虽居全国此专业的领先位置，但整复外科病房只有50余张病床，五六个医生，面对纷至沓来的病人和厚厚的住院登记单，医护人员们心有余而力不足。1978年，为解决这一迫在眉睫的问题，更好地为广大患者服务，促进整复外科的发展，在医院党政领导的支持下，整复外科准备向上级申请建立一座整复外科专科大楼以扩充病床和专业人员。张涤生精心准备了申请报告，为了增强说服力，还将科室多年来进行过的手术病例、照片、术前术后对比照片集合在一起，编成一本图文并茂的宣传册，辗转将这些材料交给上海市各级有关领导单位，请求批准。张涤生还和当时上海九院的祝平副院长带上宣传册先后两次前往卫生部和国家教委，面陈建造整复大楼的重要性和必要性。他们除了面见几位司长之外，还得到了当时卫生部部长崔义田的接见和鼓励。功夫不负有心人，1979年，这个请求终于得到批准，上级拨款260万元用于兴建整复外科大楼。经过两年的建设，一座总面积达6000平方米、七层楼高、拥有170多张床位的整复外科大楼终于拔地而起。接下来就是更新设备，广招贤才。1981年秋，上海九院整复外科大楼正式投入使用（现在它已经被扩建到八层，第八层是上海市组织工程中心实验室的一部分）。上海九院整复外科大楼的顺利落成引起国内许多医院的艳羡与感慨，甚至外国友人也感到惊奇和钦佩。确实，当时的中国刚刚从"文化大革命"的劫难中摆脱出来，改革开放才刚刚开始，全国上下百废待兴，期待着改变与奋起。借着整复外科大楼的东风，毫无疑问，上海九院整复外科率先振兴，带动了全国整形外科的发展。在接下来的日子里，张涤生和他的整复外科团队如虎添翼，再接再厉，将九院整复外科建成了集医疗、教学、科研为一体的医学科学中心。与此同时，上海九院以整复外科为先导带动了整个医院的发展，并为全国整形外科的发展树立了榜样。上海九院整复外科不仅处于全国领先地位，在世界上也一样位居前列，声望日臻。据相关资料统计：1981年，上海九院整复外科手术治疗约10000人次；2001年，在上海九院接受整复外科手术约20000人次；2011年，整复外科病床增加到200余张，年收治患者接近15万人，年手术达到50000人次。这一切与整复外科大楼的建立是密不可分的，其间张涤生培养的医术精湛的整复外科团队也功不可没。

谱写五十年辉煌

上海九院整复外科从基础理论到实验室研究再到临床实践，专业设置缜密，专业队伍齐全。在一些科室之下又设立了专业性更强的整复外科专业组，包括重建显微外科、颅颌面外科、瘢痕外科、美容外科、手外科、康复治疗、淋巴水肿治疗、血管畸形治疗、先天畸形整复和护理组十个科室。其中，重建显微外科又细分为头颈重建整形外科、综合重建显微外科、乳房与四肢重建显微外科、泌尿和生殖器官再造显微外科和面瘫修复显微外科；颅颌面外科下设颅面整形、颌面整形、眶颧整形和外耳畸形修复与再造四组；瘢痕外科下设烧伤瘢痕整形和瘢痕疙瘩治疗两个专业组；美容外科下设微创外科、毛发外科和激光美容三个专业组；淋巴水肿专科分为非手术治疗和外科治疗两个专业组。

作为一个医疗、教育和科研中心，上海九院整复外科不仅致力于为病人提供一流的医疗服务，而且为了保持学科的生机和活力，使学科能够不断创新进取、一直保持在领先水平，为了将整复外科的优良传统保持下去以便更好地为人民服务，上海九院整复外科的医护人员一直孜孜不倦地教书育人，始终致力于国际交流与合作，不断拼搏在学科的最前沿。

说到教书育人，张涤生无疑是整复外科最不可或缺的一位掌门人。他不仅一手开创了上海九院整复外科，更是始终不遗余力地培养与发掘人才，使上海九院整复外科的专业队伍逐渐发展壮大。在整复外科大楼落成之前，张涤生就着手引进人才。比如外科基础扎实、英语水平高、从事整形外科多年的关文祥副教授，当年在张涤生的努力下从二医附属仁济医院调到九院担任整复外科副主任。此外，张涤生还引进了许多在"文化大革命"期间下放的中高级医师，如孙以鲁、黎冠瑜夫妇，符诗高、雒彦芬夫妇和金一涛、周丽云夫妇等。这一系列的人才引进使当时的上海九院整复外科不仅在硬件设施上有了飞跃，在人才储备上也大大加强，这些业务水平过硬的新鲜血液在展现自身能力与价值的同时大大推动了整复外科的发展，同时这些被引进的优秀人才也在上海九院整复外科的土壤中获得了更大的发展。

张涤生也同样善于培养接班人。他一共培养了硕士生 16 人、博士生 22 人、博士后一人，像曹谊林、王炜、李青锋、穆雄铮、李圣利、林晓曦等现今整复外科的骨干力量，都是张涤生培养出来的得意门生。更为难能可贵的是张涤生还善于破格提拔人才。将张涤生的一期阴茎再造手术改造成为"程氏阴茎再造术"的程开祥，在"文化大革命"时期还只是一个中专毕业生，由于在上海九院整复外科工作期间的努力钻研，勤于思考，表现出超出科班医师的职业技能。于是张涤生千方百计将他留在科内，使得这匹千里马终于没有被埋没，而是被破格提升为副主任医师。

作为全国整复外科领域的领头羊，上海九院整复外科从 1988 年开始一直承担着培养进修医生的重任，多年来一共有 851 名医生在上海九院整复外科进修班（包括三个月和一年的）完成进修。

在科研方面，自整复外科创建以来，共承担国家、部委及上海市科研项目 128 项，其中主持国家基础研究发展计划（"973"项目）两项，国家高科技研究发展计划（"863"项目）五项，国家自然科学基金委员会项目 41 项。过去 50 年中共获得近一亿元竞争性经费，近 50

图 6-5　1991 年张涤生参加上海九院整复外科成立 30 周年暨从医 50 周年庆祝会

次获得国家、部委和上海市重大科技成果奖励，其中国家奖三次，中华医学奖八次，中国高校奖六次，上海市奖 10 次。近 10 年来，整复外科医师以第一作者身份在 *Plastic Reconstructive Surgery*、《组织工程》以及《世界显微重建杂志》等国际知名杂志上发表近 200 篇论文，其中 155 篇被 SCI 收录。

上海九院整复外科的国际合作交流活动同样开展得有声有色。迄今为止，共出访参加各类学术会议 600 人次，接待国外同行来访 200 人次，培养国外进修医师 68 人次，往来对象包括五大洲 21 个国家和地区。其间，成功举办多次国内及国际性学术会议，多名科室成员身为国际性医学组织的成员，或担任国际性学术期刊编委。刘宁飞教授担任国际淋巴学会执行委员、淋巴学（美国）编委。

目前上海九院整复外科拥有一大批蜚声海内外的著名专家教授，包括终身教授王炜、钱云良、黄文义、杨川、朱昌等，人才济济，欣欣向荣，是上海九院整复外科建科50年后的真实写照。相信，上海九院整复外科必将继承优良传统，继续走在医学领域的前沿，创造新的辉煌！

结 语
大爱无边　卓越成就

张涤生的一生有过坎坷和艰辛，但自从他确立了自己的人生目标以后，就从未放弃，一心要发展中国的整形外科事业。在他和其他整形外科的先驱者的努力下，整形外科作为外科学的一门分支学科在中国建立起来，满足了社会和患者的需要，许多过去无法治疗的疾病现在可以得到良好的治疗，许多过去仅在国外开展的手术国内也能开展了，甚至比外国人做得更好。他不仅在整形外科专业上大展拳脚，在人格修养和思想境界上也足以为人师。加之他90多岁高龄仍然身体健康，坚持工作，丝毫不显衰颓之相，实在令人钦佩。或许，从他的身上我们可以总结出一名优秀外科医生的成功之道，从而为未来的医学教育提供教益，这也将是张涤生院士留给后人最大的一笔精神财富。

良师益友不可缺

在张涤生的青少年时代，正值国家危急存亡之时，内有腐败无能的反动政府，外有穷凶极恶的法西斯魔头。在这种环境下，张涤生身边始终有一些良师益友影响着他，不断帮助他，使他从小就好学多识、眼界开阔，不断追求光明与进步，为他成功的一生打下了坚实的基础。他的初中语文老师严济宽教学方式多样，眼界开阔，常常引导学生广泛接触鲁迅、茅盾、巴金等进步作家的作品，甚至还有屠格涅夫、高尔基等苏联作家的进步作品，在张涤生幼小的心灵里种下了进步的种子，同时也培养了学生博览群书的习惯，使张涤生打下了扎实的国文基础。张涤生的高中老师大部分是上海交通大学毕业的，英语基础好，对学生的英语要求也高，张涤生在他们的影响和教导下又打下了良好的英文基础，张涤生从接触整形外科到赴美留学，从改革开放后积极与外界接触、交流和学习再到担任许多外事活动的负责人和国际学术会议的重要学术职务，都得益于他良好的英文水平。张涤生在中学时代开始关心政治，到大学时代认识了许多进步学生，心中逐步产生对共产主义的信仰和对中国共产党的向往，并积极投身抗日救亡运动。这段经历为张涤生打下了爱国奉献的思想基础，促使他在1948年放弃在美国工作的机会，毅然返回祖国，成就了他后来一生的辉煌。大学毕业后，他投身抗击日寇的伟大事业中，亲赴缅北，以身犯险，在林可胜、张先林等良师的领导下从事战伤外科抢救工作，养成了他英勇无畏、坚忍不拔的优秀品质，更重要的是，在硝烟与炮火中，他坚定了人生的理想，并为之奋斗终生。他从张先林教授那里学到了整形外科技术，后来师从美国整形外科创始人之一——著名的Robert H. Ivy教授学习整形外科，从此正式踏入整形外科这一新兴专业的大门。回国后，他以参加抗美援朝医疗手术队为契机，在长春建立了中国第一个战伤畸形治疗中心。1958年，他参与了抢救邱财康获得成功又进一步促进中国整形外科的独立和发展，为1961年整形外科专业的建立打下了基础。机遇属于有准备的人，张涤生厚积薄发，终于成为新中国整形外科的一代领路人。他的学习经历、思想经历与实践经历仿佛是一级级台阶，把他送进整形外科的大门，这一切都离不开良师益友的教导与影响。

开拓进取永向前

在医学科学的海洋里要想学有所成，成为病人爱戴和信任的优秀医生和为医学进步做出贡献的医学家，必须要有开拓创新的勇气和勇担责任的信念。张涤生作为一个新学科的带头人，同样具备了这种精神。20世纪

60 年代初期，他开始摸索整形外科新技术。

1964 年，他完成了两件具有开拓意义的工作。第一件是设计"烘疗机"治疗肢体慢性淋巴水肿（象皮腿）。张涤生从我国传统医学文献中应用砖炉生火发热烘烤象皮腿获得良好疗效的记载中受到启发，设计了应用电流发热的烘疗机。1978 年又推陈出新，将其改进成微波烘疗机，缩短了疗程，改善了舒适度。这种烘疗法被国际淋巴学会认为是世界上治疗肢体慢性淋巴水肿保守疗法中最有效的方法之一。第二件是进行显微外科吻合微小血管的动物实验。在修复人体软组织缺损的过程中，若能通过吻合供应皮瓣组织的动静脉而进行直接游离移植，不仅可以缩短疗程、提高疗效，还可以开拓一个组织移植的新领域。张涤生和王炜于 1964 年进行大白鼠、兔子小血管的吻合手术并获得成功；后来又做兔子腹股沟皮瓣游离移植成功，成活率达到 67%。1976 年，张涤生在游离皮瓣移植动物实验成功的基础上，应用小血管吻合技术进行显微外科技术的修复再造手术，连续成功完成了"足趾连同足背皮瓣移植再造拇指"、"游离大网膜移植修复头皮缺损"、"空肠游离和带蒂移植再造食管"等创造性手术，将显微外科业务范围向纵深扩展，同时把整形外科技术提高到一个新水平。

另外值得一提的是，1981 年初冬张涤生从参观杨果凡医师首创的前臂皮瓣鉴定会上得到启发，设计了应用前臂皮瓣一次再造阴茎的手术方案，并且在 1982 年 2 月将此方案临床应用成功，受到国内外专家的重视，国外称之为 Chang's method。阴茎一期再造手术设计巧妙，将一小部分前臂皮瓣向内翻卷成尿道，大部分皮瓣则卷成筒状并将尿道包入，再加上软骨移植，进行动静脉血管和尿道的吻合完成整个手术。这

图结 −1　1988 年"应用显微外科技术一期阴茎再造"项目获得国家科学技术委员会颁发的国家发明三等奖证书

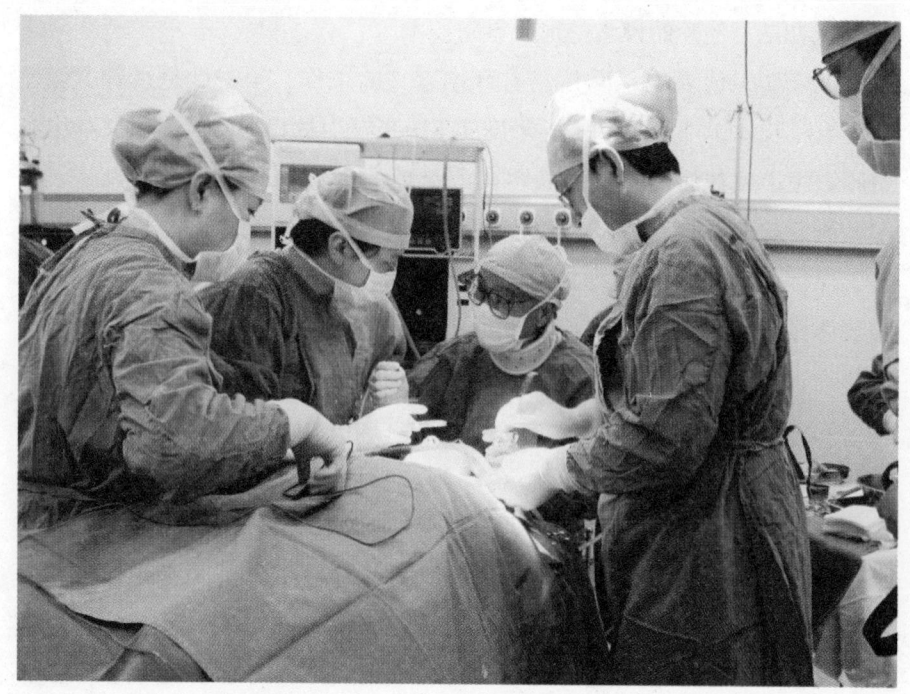

图结-2　2003年87岁高龄的张涤生（居中者）为患者做手术

个手术生动地说明整形外科不仅是技术，更是艺术。能创造出这个手术，反映出张涤生敏捷的思维、巧妙的联想、艺术的修养和孜孜不倦开拓创新的可贵精神。

在从医生涯中，张涤生很少对前来求助的患者说"不"。因为他认为一名医生不仅要掌握精湛的医术，更应该把病人的利益放在首位，要不断更新知识，提高技术水平，勇于探索，敢担风险，敢于把"不可治"化为"可治"。在这种思想的指导下，他治愈了不少疑难病例。如，1969年年初救治河南郾城上海救灾医疗队送来的一名背臀部长有巨大肿瘤的农妇；1977年6月救治患有眶距增宽症的佳木斯小女孩；1996年救治先天性胸骨裂造成的心脏异位畸形患儿吴青。就是在这些看似不可能的任务面前勇往直前的精神，使张涤生创造了一个又一个奇迹，为祖国医学填补了一个又一个空白，始终走在中国整形外科学的前列。

紧跟时代育人才

张涤生在从事医学实践的过程中始终先人一步。他不仅掌握自己专业的新知识新技术，还随时了解相关专业的新发展，甚至不相关专业的进展，报纸杂志、电视广播都是他的信息来源。即使在80多岁的高龄，张涤生仍然自学电脑，学会了上网。在广博知识的基础上，张涤生联想互通，开拓思维。

20世纪40年代，整形外科仅限于在人体体表进行缺损修复，业务范围很窄，而整形外科也被认为仅仅是一门皮肤外科。60年代开始，张涤生广泛阅读各类文献，开始进行跨学科的探索和渗透结合，并在70年代后期逐步向人体深层次组织和器官的修复重建发展，为建立新专业开辟道路。张涤生一贯的治学建科方针是专业细分工，集中力量攻坚突破。借助1981年上海九院整复外科大楼建成之机，他把整复外科分成显微外科、烧伤畸形、颅面外科和美容外科四个小专业，并依此建成四个病区，为中青年医师实现"一专多能"、创新提高创造了有利条件。这样的建科方略使得上海九院整复外科成为世界上水平较高的中心之一。

在上海九院整复外科，张涤生带领着一个优秀的团队，培养了一支前途无量的人才队伍，为中国整复外科的奠基和发展做出了不可或缺的贡献。他培养接班人时力求做到：学、教、讲、写四点。学是首先自己学好技术；教是指把自己拥有的技术无私地传授给年轻一代；讲是指简明扼要、深入浅出地教会别人；写是指著书立说，将毕生经验流传于世，造福后人。这种高尚的品德潜移默化地影响着张涤生的学生们，使他们不仅医术精湛，同时也拥有优秀的个人品质。

活学活用辩证法

张涤生拥有坚定的共产主义信仰，他将辩证唯物主义哲学观同自己的工作结合起来，从辩证唯物论的高度对自己从医的生涯进行了一番总结，这更体现出张涤生深厚的人文学科功底。

只有加强感性认识才能飞跃到理性认识

张涤生认为整形外科实质上是一门以组织移植为治疗手段的外科专业，其目的是修复人体多种先天性畸形和后天性畸形或组织缺损，着重修复残缺部位的功能和形态。人体体表许多组织器官的功能和形态是互为因果的，在做手术时不能光从形态上来判断整形外科手术是否成功，一定要重视功能的修复或改善。所以，整形外科医生不但要解除病人肉体上的痛苦，还要解除他们精神上的痛苦，使整形外科真正成为一门解放劳动力、提高社会主义精神文明和物质文明的专业。

张涤生在美国学习整形外科时，当时的人们还将整形外科医生称为"成形外科医生"，他自己也仅满足于从形态上再造体表器官。回国后，经过大量的临床实践，张涤生对整形外科的理性认识得到了提高，他认识到整形外科面临着新的任务，就是要使大量伤残病人通过整形外科治疗达到伤而不残、残而不废或残而少废的效果。这一思想认识为1964年后上海九院整复外科开始新的发展指明了方向。

毛泽东曾经说过，人们开始得到的是感性认识，这种感性认识的材料积累多了，就会产生一个飞跃变成理性认识。这种对客观事物认识的发生和发展，从不知到知、从知之不多到知之较多，从而使理性认识指导这门学科的发展，这是张涤生从事整复外科有所收获和有所成就的指导思想。

发挥主观能动性是事业成功的必要条件

张涤生认为任何人从事任何一项工作想要有所成就，必须充分发挥主观能动性。主观能动性会受历史条件、科技文化水平、实践经验的制约，但缺乏主观能动性一定会一事无成。

显微外科技术可以大大简化整形外科皮瓣移植手术的过程，使手术不必分期进行，可减少病人痛苦和花费。但这在20世纪60年代是一种理想，是大家梦寐以求的新技术。张涤生读到美国的一篇相关文献后，就开始考虑移植游离皮瓣的可行性，出于这种主观能动性，他在1964—1965年连续进行动物实验，并最终在1966年实施断指移植手术成功。张涤生认为这是外科技术的推陈出新，符合"一切事务由于内部矛盾的斗争必须引起除旧布新，或推陈出新"的规律。

接下来，由于"文化大革命"的影响，工作完全停滞，主观能动性再一次受到历史条件的制约，直到1977年才获得解放。此后，张涤生和他的团队又开展了许多具有国际先进水平的显微外科手术，获得了多项卫生部的科技成果奖，并且把整形外科从体表的组织移植和修复推进到内脏领域的修复，这是整形外科的新发展，是主观能动性的又一次新突破。

认识世界和改造世界要虚心学习　不断创新

张涤生认为人们从社会实践中懂得客观世界的规律性，因而能够解释世界，改造世界。认识世界和改造世界都离不开实践，两者在实践的基础上辩证统一，相互作用，相互促进。任何从事医学实践的人，不但要重视实践，把实践作为检验真理的唯一标准，而且还应该从实践中积累经验，升华经验，使新事物代替旧事物，不断创新，这样才能促进医学科学的进一步发展和提高。

中国是发展中国家，因此要迎头赶上发达国家，既要不断学习国外的先进经验，又要利用好中国医学的丰富遗产。张涤生在治疗象皮腿的探索中就贯彻了这一认识。

烧伤引起的创面发生疤痕组织是一个非常普通而又难以处理的问题。瘢痕形成是人体修复创伤、进行愈合的自然过程，但过度修复既妨碍外形又造成挛缩引起功能障碍。修复和过度修复变成了一对矛盾，张涤生认为如何把这对矛盾统一起来是瘢痕修复的研究方向。

反对教条主义和经验主义

张涤生认为任何事物发展的过程中都不会是一帆风顺的。张涤生自己的事业生涯就证明了这一点。事实证明，任何医疗实践取得的成功，可以认为它是顺乎客观规律的；而失败者则说明对问题的认识不符合客观规律。颅面外科是张涤生和他的团队从1977年开始的一项填补国内空白的新领域，开始他们一帆风顺地做了几例颅面外科手术，但所有病例都是在手术中用甘露醇降低颅压的。1981年一位美国医生来华讲学，不主张用甘露醇，而且提出不用甘露醇降压也不会发生脑水肿。张涤生试用此法，果然没有出现什么问题，此后就不太注意手术中的降压问题。但是做到第16

例的时候,病人在术后发生了颅压升高。这个失误给张涤生的教训很大,他认为这是自己对个别问题和一般现象认识不充分,割裂个别和一般的辩证关系的结果。

大爱无边成动力

张涤生身为中国整形外科的奠基人,享有崇高的威望,深受同行爱戴。那么究竟是什么力量让他的一生不断开拓进取,在赢得成就和荣誉的同时,却依然保持着平易近人、宅心仁厚的本色呢?其实,张涤生的心中一直被一个"爱"字充盈。年幼时,他爱父母、老师和家庭;年轻时代,他爱读书,从未放弃对光明与真理的追求;成年后,他爱祖国,刀枪战火更点燃了他热爱祖国的激情;成为医生后,他最爱患者,时刻把患者的利益放在首位。他把一生的精力都用来治疗伤残患者,想尽一切办法帮助他们恢复功能和正常形态,而忽略自己要去承担医疗风险,这是医者的大爱,令人感动。

短短的几页文字远远道不尽张涤生身上蕴藏的财富,后辈医生们还需要不断审视、发掘,从这样一位医学大师和做人楷模的身上多多学习、继承,让张涤生等老科学家的科学精神发扬光大,继续造福天下苍生。

附录一　张涤生年表

1916 年
6月12日，出生于吉林长春市二道口街，祖籍江苏无锡，号育湘。父亲张晓初因崇拜曾国藩，用其号"涤生"为儿子命名。母亲过学琴，无锡八土桥人，是一个传统的中国旧式家庭妇女。张涤生出生前几年，张晓初经朋友介绍，从无锡到长春大清银行（中国银行的前身）供职。

1917 年
春，父亲涉足股票生意，在卢布交易中失手，倾家荡产，负债累累，举家回到家乡无锡，住在无锡城南中市桥巷。

1919 年
4月，大弟张养生出生。

1920 年
在巷子口的私塾，跟老夫子开始读四书五经，由此打下古文基础。

1922 年
于无锡城中心崇安寺小学就读一年级。

1924 年
7 月 17 日，妹妹张育贤出生。

家里无力承担中市桥巷的租金，搬至西河头 3 号一家王姓人家的前楼居住。

1926 年
父亲在天津一家私营银行供职，全家住在法租界的同德里，兄弟俩转入租界内的西开小学读书。

1927 年
父亲所在银行倒闭，全家定居无锡。

在无锡连元街小学重读五年级。

1929 年
自连元街小学毕业，考入无锡县立初级中学。

11 月 29 日，小弟张育林出生。

1932 年
无锡县立初级中学毕业，考入私立无锡中学读高中，开始寄宿生活。

1933 年
就读高中二年级，担任班长一直到大学毕业。

全省学生集中到镇江军训一周。

1935 年
夏，以全班第 4 名的成绩从私立无锡中学高中毕业，考入南京国立中央大学医学院。

1936 年

夏，回无锡度假，在地下党领导下组织无锡旅外学生暑期服务团到无锡农村义务办学和宣传抗日救亡思想。

8 月底，服务团工作结束，回到学校。

1937 年

夏，第二次组织服务团。

任"无锡学生抗日救亡后援团"救护队队长，为队员传授救护知识，开展社会工作。

8—11 月初，在无锡惠山地区的祠堂设病床，收治伤员。

11 月，随中央大学医学院后撤到成都华西坝。后加入成都学生抗日宣传三团。

1938 年

春，成都学生抗日宣传三团改组，担任团长。

6 月，参与接待世界学联派来的大学生代表团。会后，与世界学联的代表集中到魏露诗（Ruth Weiss）家中继续交谈。

冬天，成都学生抗日宣传三团改为五大学战时服务团，担任中央大学学生召集人。

1941 年

在成都四圣祠医院实习时，任董秉奇唇裂修复术示范的助手。首次接触整形外科手术。

夏，大学毕业，前往贵州省贵阳市图云关参加中国红十字会救护总队。

1942 年

8 月至 1944 年 2 月，在中国红十字救护总队部第 18 救护队服务，同时担任军政部战时卫生人员训练总所外科学组教官。

在张先林的指导下，打下了普通外科和整形外科的基础。

1944 年

2 月，薛庆煜邀其前往印度中国远征军总部协助工作。

夏末，去远征军驻昆明办事处报到。后转入美军 43 流动手术队。

1946 年

春末，为表彰参军的正式医师和抗日有功的协和教授，政府决定由林可胜教授负责选派人员去美国学习，张涤生入选。

初夏，跟随中国留学团从上海出发，乘坐美军运输舰，历经三个星期，抵达旧金山。

进入费城宾夕法尼亚大学医学进修学院，师从艾伟学习整形外科，并获得美国医药助华局的奖学金资助。

1948 年

赴美进修结束，回国。

在上海国防医学院担任颌面外科主任，后转入上海同济大学医学院任教。

10—11 月，参加韦伯斯特在上海开办的整形外科学习班。

1950 年

参加上海抗美援朝医疗手术队，由同济大学医学院外科副教授晋升为教授。

1951 年

1 月 25 日，随上海志愿医疗手术队离沪奔赴东北后方，任第一医疗手术大队副大队长和面颌外科顾问。

2 月 3 日，随第一大队到达长春军医大学，2 月 10 日正式开始工作。

建立我国第一个战时颌面、手部、烧伤、冻伤治疗中心。上海医疗队任务结束后由宋儒耀接手，继续治疗伤员。

8月1日，任务结束回沪。

1955 年

6月，担任上海第二医学院附属广慈医院口腔颌面外科主任。

参加由卫生部委托北京医学院口腔医学系主办的为期一年的口腔颌面外科学高级师资班。

女儿张颖出生。

1957 年

3月，柯什赫应邀来上海第二医学院口腔系讲学，其间陪同柯什赫。

12月，编著的《唇裂和腭裂的整复术》正式出版。

1958 年

1月15日，《上海二医口腔医学文摘集刊》创刊，任总编辑。

5月底，参与抢救邱财康，主要负责采集皮肤和移植皮肤工作。

1959 年

先后赴北京、齐齐哈尔、商丘、郑州、开封和徐州以及陕南安康等地协助抢救严重烧伤病人。

与林熙研究人造皮肤。

1961 年

5月，于广慈医院正式建立整形外科，并任整形外科教研组主任。

儿子张达出生。

1962 年

同马永江、史济湘、高学书、戴自英、黎鳌等专家前往江西南昌抢救严重烧伤病人马传武获得成功。

1964 年

1月22日，因参与上海第二医学院附属广慈医院抢救钢铁工人邱财康，获卫生部在京授奖。

上半年，带领王炜、林熙两位青年医师在大白鼠和兔子身上进行显微外科动物实验，获得突破后又在狗身上进行腹股沟皮瓣原位再植和异位移植实验。

亲自设计并请技工制造电热烘箱。收治第一例用电辐射热治疗的"象皮腿"的患者并获得成功。

1965 年

3月，在《中华外科杂志》上发表《大块皮肤组织瓣游离再植的实验研究》。

担任上海第二医学院附属第九人民医院口腔系副主任。

上海九院成立外科学教研室，任首任教研室主任同时兼任上海九院口腔系副主任。

1966 年

4月，整形外科从广慈医院迁到九院，开设两个病区82张床位，继续担任主任一职，将整形外科更名为整复外科。

与陈中伟合作进行了第一例断指再植并获成功。

1967 年

年底，被打为"牛鬼蛇神"，降为病房工务员，打扫卫生。

1968 年

先后为两名婴儿切除面部及胸部巨大海绵状血管瘤，获得成功。

1969 年
为一名 29 岁的河南病妇切除背臀部 35 公斤重的巨大肿瘤并进行游离植皮，一次性修复背臀部巨大创面。

1970 年
受上海第二医科大学派赴罗马尼亚访问。

1973 年
9 月，参加下农村防治血吸虫病工作一年，地点在青浦县。

1974 年
发明眼睑睑板缺损整形的新方法。

1976 年
7 月，加入中国共产党。
应用显微外科技术从事空肠游离移植的实验性研究，并于次年应用于临床。

1977 年
率先在国内施行第一例眼距增宽症手术治疗，开创了中国颅面外科手术之先河。
担任上海第九人民医院院长职务。

1978 年
2 月 26 日，当选中国人民政治协商会议第五届全国委员会委员。
与陈中伟、杨东岳合编的《显微外科》正式出版，该书是中国显微外科领域的第一部专著。

1979 年

1 月，主编的《整复外科学》正式出版。这是"文化大革命"后中国整形外科学界出版的第一本全面介绍整形外科技术的学术专著。

10 月，在《新加坡医学科学院年鉴》(Ann Acad Med Singapore)上发表《Free Transfer of the Second Toe Combined with Dorsalis Pedis Flap Using Microvascular Technique for Reconstruction of the thumb and other Fingers》。

11 月，受卫生部指派，与北京积水潭杨克非医师前往印度孟买参加第 1 届亚洲手外科会议，在会上报告了《手部严重烧伤畸形整形治疗》《应用显微外科技术修复手部烧伤》和《足趾移植再造拇指缺失》等四篇论文。

在《国际眼科学杂志》(Ophthalmologica: International Journal of Ophthalmology)上发表《睑板缺损修复的新方法》(New Method of Repair of Tarsal Defects)。

荣获上海市劳动模范称号。

1980 年

11 月，参加新加坡第 15 届外科学术会议，在会上做"烘绑疗法治疗肢体慢性水肿"、"尿道下裂修复一期新手术"和"空肠游离移植再造食管缺损"三个报告，并介绍了中国显微外科的情况。会后，参加了在该国举办的国际手外科学习班和显微外科学习班。

12 月，在《显微外科杂志》(Journal of Microsurgery)上发表《Reconstruction of Esophageal Defects with Microsurgically Revascularized jejunal Segments: A Report of 13 cases》。

推荐王炜去美国俄勒冈州手外科专家 Nathan 处进修，为期一年。

1981 年

2 月，在《中华外科杂志》发表《全鼻一期再造术（附 30 例报告）》。

4 月 29 日，赴澳大利亚悉尼参加第 6 届国际显微外科学术会议，介绍中国显微外科的进展，并做报告"前臂游离皮瓣移植"和"空肠游离移植再造食管缺损"。会后，被吸收为国际显微外科学会会员。

8月，在《上海医学》上发表论文《淋巴管静脉分流术》和《前臂游离皮瓣移植在手外科的应用》。

10月8—12日，在沈阳参加游离皮瓣移植讨论会。

1982年

2月，利用前臂皮瓣一期再造阴茎获得成功。

4月，作为唯一的境外特邀代表参加第1届英国显微外科学会学术会议，作"中国显微外科发展和成就"专题报告。会后，受邀参加爱丁堡、格拉斯哥访问讲学之旅。

5月初，应邀去法国里昂参加第7届国际显微外科学术会议，并作"有关显微外科技术修复手部创伤和修复头皮"的报告。

5月18—24日，在上海参加中华医学会全国第一届烧伤、整形学术会议，与朱洪荫一同担任中华医学会外科学会整形专科学组副组长。

9月，担任第1届中法显微外科学术讨论会主席。

10月31日，南加州大学医学中心（University of Southern California Medical Center）向其颁发Golden Scissors Presentation to Honored Guest Educator。

10月，应美国整形外科学会的邀请，以麦林尼克（Maliniac）纪念基金特聘学者身份赴夏威夷参加美国手外科会议和美国整形外科第36届全国会议。

1983年

1月，在《中华外科杂志》上发表《眶距增宽症的外科治疗》。

6月，在《中华外科杂志》上发表《前尿道延伸术一期修复尿道下裂》。

被聘为上海九院顾问。

在横滨参加日本第34届形成外科（即整形外科）会议。

1984 年

2月，参加在泰国曼谷召开的第2届亚洲整形外科学术会议，报告了《1045例病人的烘绑疗法治疗肢体淋巴水肿》。该论文被评为会议最佳论文，并刊登在次年的《泰国外科杂志》首页。

3月，在由上海自然辩证法研究会组织的"医学辩证法连续讲座"上讲授《整复外科的辩证思维》。

5月，带领一个五人组成的显微外科讲学团赴中国南方（长沙、广州、武汉）等地讲学。

7月，因"参加显微外科专题组的工作，作出贡献"。受上海市科学技术委员会表彰。

10月，运用人体足趾关节移植再造颞颌关节治疗牙关闭紧症，使一位牙关紧闭20年的病人重新张口自如。该项成果在法国召开的国际显微外科学术交流会上被认为世界首例。

参加在阿德莱德市召开的第3届国际淋巴学会学术交流会议，宣读烘绑疗法的研究论文。

1985 年

2月，《中华整形烧伤外科杂志》在北京创刊，担任副总编辑。

5月，上海九院派学术代表团去日本长崎大学、昭和大学和京都大学访问，由其担任代表团团长。

6月，与史济湘、杨之骏合编的《Recent Advances in Burns & Plastic Surgery—The Chinese Experience》一书由英国MTP—Press Limited出版。

9月12—16日，中华医学会整形外科学分会成立大会在北京举行，与王大玫、汪良能任第1届委员会副主任委员。

10月，应法国邀请，带团赴南锡参加显微外科和手外科学术交流会议，并报告了"前臂皮瓣修复手部创伤的衍化"。

应《整形外科年鉴》（Annals of Plastic Surgery）主编邀请担任杂志客座主编，主编了两期中国特刊。

从美国引进组织扩张器用于治疗烧伤后秃发，后在全国推广。

被聘为卫生部全国丝虫病防治组成员。

"应用显微外科技术一次完成阴茎再造"和"淋巴水肿动物模型的制作及应用"同获上海市科技进步奖三等奖。

主持的"应用带血管的跖趾关节移植治疗颞颌关节强直"研究被卫生部科技成果审定会评定为乙级成果。

与朱盛修、王忠诚合编的《显微修复外科学》正式出版。该书经香港中文大学翻译成英文，成为香港经典的专业教材。

1986 年

5月9—12日，上海九院与澳大利亚悉尼市显微外科研究中心举办的中澳第1届显微外科学术交流培训会上任会议主席。

7月27日，应邀参加在意大利布雷西亚召开的第9届国际显微外科会议，并作多次学术报告。其中"应用足趾的跖趾关节重建颞颌关节强直"报告引起大会重视。国际显微外科聘请张涤生为学会常务委员会顾问、第10届国际显微外科学会执行主席和大会组织委员会主席。会后，受罗马Campasi整形外科教授邀请去罗马大学访问讲学。

9月，在《欧洲整形外科杂志》(*European Journal of Plastic Surgery*)上发表《Correction of Complicated Saddle Nose：Report of 63 Cases》和《Application of Tissue Expansion in the Treatment of Post-Burn Skin Contractures and Alopecia》。

9月30—31日，担任第3届中法显微外科学术交流会主席。

主编的《显微外科原理、技术和应用》(Principles，Technique and Application of Microsurgery) 由新加坡世界科学出版公司 (World Scientific Publishing Co.) 出版。

建立我国医学院校中第一个整复外科教研室，次年开始为医疗系学生正式授课。

"烘绑疗法治疗肢体慢性淋巴水肿、微波烘疗器研制及临床应用"获上海市科技进步奖二等奖。

在其努力下，上海九院整复外科与澳大利亚阿德莱德大学儿童医院颅面外科订立了五年交流协议。

1987 年

3 月，参加在印度新德里举办的第 9 届国际整形外科学术交流会议。

6 月，应邀到法国南锡大学讲学，并在英法显微外科联合会议上宣读论文。

12 月，《修复重建外科杂志》(《中国修复重建外科杂志》的前身）创刊，任杂志主编。

12 月 26 日，获上海市高等教育局颁发的"先进教育工作者"证书。

与裘法祖合编的《中国医学百科全书·外科学基础》正式出版。

再次访美，在美国八市巡回讲学，获美国整形外科教育基金会评选的巡回讲学教授荣誉。在旧金山召开的地区性有关眼睛和眼眶畸形再造会议上介绍了有关眼睑缘部黑痣修复的创新手术。

1988 年

2 月 22—26 日，担任第二届中日整形外科会议主席。

5 月，母亲过学琴去世，享年 93 岁。

7 月 8 日，上海第二医科大学成立国际学术交流委员会，担任主任。

9 月 16 日，上海整复外科研究所成立。担任所长，关文祥、王炜任副所长。

12 月，与高学书、黄文义获国家发明奖三等奖，获奖项目为"应用显微外科技术一期再造阴茎"。

因肺癌入上海胸科医院做手术。

1989 年

5 月 14 日，被中华医学会显微外科学会聘为名誉顾问。

9 月 16 日，中华医学会上海分会整形外科学会成立，任顾问，关文祥任学会主任。

应邀去美国讲学，因颈椎病发作中止。

1990 年
2 月，主编的《实用美容外科学》正式出版。

担任《欧洲整形外科杂志》编委，至 1995 年卸任。

11 月 4 日，全国首届颅颌面外科研讨会在上海九院召开，当选全国颅颌面外科协作组组长。

1991 年
7 月，获国家教育委员会颁发的科学技术进步奖一等奖，获奖项目为"慢性淋巴水肿模型制作、淋巴管、静脉压力测定及静脉移植桥接淋巴管的实验研究"。

10 月，卫生部卫生防疫司颁发证书表彰其在"全国寄生虫病防治研究技术指导工作中做出贡献"。

12 月，入选中国当代名人录。

1992 年
4 月，"手外伤提高功能恢复的研究"获上海市科学技术委员会颁发的科技成果完成者证书，为第一完成人。

4 月，"程序控制（自动反馈）微波机治疗肢体慢性淋巴水肿及其机制研究"获上海市科学技术委员会颁发的科技成果完成者证书，为第一完成人。

获全国科技先进个人。

1993 年
10 月，"超长血管神经蒂断层节段肌瓣移植一期治疗晚期面神经瘫痪"获上海市科技进步奖二等奖。

11 月 30 日，获中国康复医学会修复重建外科专业委员会颁发的特别荣誉奖。

获上海市高教局颁发的"先进教育工作者"称号。

1994 年

"严重颅颌面畸形的外科治疗研究"获卫生部医药卫生科学技术进步奖二等奖。

1995 年

1 月，与他人合编的《整形外科手术图谱》出版。

11 月 3 日，中华医学会颁发证书表彰其"对医学会发展和医学科技进步做出突出贡献"。

12 月，"严重颅面畸形的外科治疗研究"获国家科技进步奖三等奖。

与冷永成共同主编的《整形外科手术图解》出版。

1996 年

4 月 2 日，在其指导下，上海九院完成了中国首例严重胸骨裂移植修补手术。

5 月 8 日，当选中国工程院院士。

5 月 27 日，参与创建亚太地区颌面外科学会。

9 月 23 日，上海九院举行庆功会，祝贺其当选中国工程院院士。

1997 年

1 月，被上海第二医科大学授予"终身教授"称号。

12 月，主编的《颅面外科学》正式出版。

1998 年

7 月，在上海市科委和上海第二医科大学联合举办的组织工程研究研讨会上，与曹谊林一同汇报组织工程学在临床应用的前景。

12 月，"微波治疗丝虫病晚期象皮肿及自体淋巴结复合组织瓣移植实验研究"获上海市科学技术进步奖三等奖。

1999 年

5 月，被聘为国家"211"工程整复外科学学科带头人。

6 月 28 日，在上海第二医科大学承办的组织工程学与胚胎干细胞研讨会上阐述开展组织工程学研究的意义。

6 月，主编的《颅面外科学》获上海市科技成果完成者证书。

8 月，"一期完成具有感觉功能和性功能阴茎再造术的研究"获卫生部二等奖。

9 月，应意大利整形外科学会第 48 届年会主席 Cristino Dominici 教授邀请作专题报告"显微外科在整形外科的应用"。

9 月 28 日，获得中共上海市卫生局委员会、上海市卫生局颁发的第 3 届"上海市医学荣誉奖"。

10 月 10 日，获上海市卫生局颁发的上海市第三届"医学荣誉奖"，该奖是上海市卫生系统设立的最高荣誉称号。

10 月 11 日，九院召开"庆祝张涤生教授荣获上海市医学荣誉奖大会"，号召全院医护职工向张涤生等六位获奖者学习。

主编的《颅面外科学》获卫生部科技进步奖二等奖。

2000 年

1 月，撰文呼吁《美容外科呼唤科学精神和科学理性》。

3 月 2 日，出席在北京人民大会堂召开的第一届微笑列车国际唇腭裂治疗学术研讨会。

3 月 3 日，在北京国际会议中心参加首届国际微笑列车唇腭裂研讨会并做专题讲座。

3 月 8 日，美国"微笑列车"行动总裁顾问李浩到上海九院开展为期两天的考察，其间与张涤生院士、院长张志愿、副院长曹谊林会晤，就在上海第九人民医院建立中国唇腭裂治疗中心一事达成初步意向。

10 月 19 日 获第七届何梁何利科学与技术进步奖。

10 月 30 日，在上海主持召开第三届亚太颅面外科会议。

11月9日，上海市欧美同学会医务分会成立，任名誉会长。

被聘为中国医学科学院附属整形外科医院名誉顾问。

2001年

5月，"眼眶骨折眼球内陷的整复治疗及视功能改变的研究"获上海市科学技术委员会颁发的二等奖。

10月18日，被《中国药物与临床》杂志社聘为杂志学术指导委员会委员。

12月27日，"眼眶骨折眼球内陷的整复治疗及视功能改变的研究"获上海市科学技术奖励委员会颁发的二等奖。

与冷永成主编的《整形外科手术图谱》由湖北科学技术出版社出版。

2002年

1月23日，参加由上海市欧美同学会举行的迎春招待会。

3月，主编的《张涤生整复外科学》出版。

10月，担任第三届世界美容外科大会主席。

2003年

6月，在《中华整形外科杂志》上发表《严重烧伤患者视力的挽救》。

9月，被上海第二医科大学聘为《上海第二医科大学学报》第6届编委会顾问编委。

9月，被澳门外科学会聘为名誉顾问。

11月7日，被中华医学会聘为《中华外科杂志》第十一届编辑委员会顾问。

11月14—15日，出席首届全国淋巴学会议开幕式并发表讲话。

11月14—17日，在广州参加由中华外科杂志编委会、中华外科杂志编辑部主办的中华外科杂志第11届编委会全体会议暨首届中华外科学术论坛。

2004 年

3 月，主编的《张院士趣谈整形与美容》出版。

3 月 25 日，为上海第二医科大学附属整形外科医院成立揭牌。

3 月 25—27 日，参加由上海第二医科大学附属第九人民医院与 Operation Smile 慈善基金会在上海国际会议中心举办的第一届上海国际整形外科会议，并担任大会组委会名誉主席。

4 月 21 日，与上海卫生系统的其他七位院士共同发出号召"拒绝红包、回扣、提成，远离冷漠、生硬、推诿，共同维护医学之圣洁、倡扬廉洁之医风"。

5 月 6 日，被中国康复医学会修复重建外科委员会推选为专家委员会顾问，任期四年。

6 月 24 日，参加由上海市欧美同学会召开的主题为"坚持科学发展观，进一步推进上海科教兴市战略的实施"院士座谈会。

6 月 30 日，参加上海第二医科大学 2004 届研究生毕业典礼并演讲。

7 月 20 日，被《中华现代眼科学杂志》专家编辑委员会聘为常务编委。

10 月 22 日，参加第 4 届上海国际医学美容学术研讨会暨器材展览会开幕式，并做开幕演讲《现代美容外科之我见》。

2005 年

1 月，在王文虎和方孟梅的协助下，历时四年完成《神在形外：张涤生传》初稿。

5 月 5 日，在广州参加第八届全国整形外科学术会议，并发表《中华整形外科学会成立 20 周年感言》。

8 月，九年前由张涤生救治的我国首例接受胸骨裂畸形修复术的病人吴青来到上海九院。张涤生为她做三维 CT 检查。

9 月，参加上海第二医科大学与上海交通大学合并后的第一次学科建设座谈会。

10 月 22—25 日，参加第 8 届国际组织工程学会学术会议，反思中国组织工程与国外的差距。

11月,参加中山大学附属第二医院(前孙逸仙纪念医院)建院170周年并参加该院召集的两岸四地颅颌面外科学术交流会议。

12月1日,参加由上海交通大学医学院召开的"十一五"发展规划专家(扩大)座谈会。

12月17日,参加由仁济医院承办的2005年度上海市整形外科年会。

12月26日,被《中华医学进展杂志》编辑部聘为专家编辑委员会常务委员。

2006年

1月1日,被中国医师协会、蚌埠医学院聘为《解剖与临床》杂志第四届编辑委员会学术顾问。

1月11日上午,带领弟子李圣利到江苏路一所民宅为一名无法行走的严重"象皮腿"患者诊病。

4月7日,参加由上海市欧美同学会举办的以"自主创新发展,引领上海未来"为主题的两院院士座谈会,并在会上发言。

6月11日,上海九院在上海市政协文化俱乐部丽都厅隆重举行庆贺张涤生院士九十华诞、从医执教六十五周年暨《神在形外:张涤生传》首发仪式。

7月26日,被"微笑中国"聘为医学顾问委员会名誉主席。

9月13日,在青岛参加第8届全国显微外科学会学术会议。

11月14日,因下肢缺血入住上海九院。住院期间参加了第10届东方整形美容外科国际会议开幕式(11月24日),并在大森清一纪念讲座上作报告"The History of Chinese Plastic Surgery and My Personal Story"。

11月23日,与曹谊林共同参加在上海国际会议中心举行的第10届OSAPS(Oriental Society of Aesthetic Plastic Surgery,东方美容整形外科学会)国际美容外科大会。

2007年

1月,主编的《实用淋巴医学》出版。

2月13日，被中华医学会聘为中华医学科技奖第2届评审委员会委员。

2月25日，妻子张筱芳去世。

3月22—24日，在广州参加中华医学会第4届全国美容外科学术大会，并在闭幕式上讲话。

6月6—9日，参加卫生部人才交流中心召开的全国医疗美容主诊医师培训与考试专家委员会成立仪式，担任专家委员会名誉主任委员。

7月14日，因房颤入住上海九院。

7月29日，转入华东医院治疗，9月6日出院。

7月，与朱洪荫共同主编的《整形外科手术失误及处理》出版。

9月28日，被中华国家级整形美容医师认证工程办公室聘为《中华国家级整形美容医师认证教材》编委会编委。

10月13日，参加瑞金医院建院百年纪念大会。

11月16日，参加在上海长海医院举办的首届全军整形外科学术交流会。

12月23日，在闸北体育馆参加由上海市欧美同学会医务分会和上海市第十人民医院主办的"爱心回馈社会，共建和谐上海——第四届上海百名留学归国医学专家大型义诊"活动。

2008年

3月，被中国康复医学会修复重建外科专业委员会聘为颅颌面外科学组终身荣誉顾问。

3月27日，参加在深圳举行的第3届全国颅颌面整形美容外科学术会议。

5月5日，被中华医学会聘为《中华外科杂志》第12届编委会顾问。

5月，"颅面整形外科三维可视化诊断分析与手术模拟设计技术临床应用研究"项目获广东省科学技术进步奖三等奖。

5月13日，为汶川地震捐款5000元。

5月10日，被聘为首届两岸四地美容医学学术交流会议组织委员会名誉主席。

6月23日，在北京参加中国科学院第14次、中国工程院第9次院士大会。

6月25日，获中国工程院最高奖项"光华工程科技奖"工程奖。

7月，被上海交通大学医学院聘为《上海交通大学学报（医学版）》第7届编委会顾问编委。

7月28日，担任在上海长海医院举办的"全国研究生暑期学校——现代外科学前沿大师论坛"主讲教师，讲授《开拓发展中的整形外科》。

9月16日，上海市医学会向其颁发荣誉证书，以感谢其在担任上海医学科技奖励委员会顾问期间所做出的贡献。

9月18日，当选"光荣与力量——2008《走近他们》年度十大人物"。

9月25日，被中国康复医学会聘为《中国修复重建外科杂志》第5届编辑委员会名誉主编。

10月，担任第三届亚太颅面外科学会会议主席。

12月，入选《侨界之星——上海侨报纪念改革开放30周年人物画册》。被中国医学科学院整形外科医院聘为名誉院长。

与刘宁飞共同获得波兰医学科学院颁发的医学研究成就奖，以表彰他们为中国与波兰在整形外科和淋巴医学方面的交流所做出的特殊贡献。

2009年

1月20日，"颅颌面骨架修复重建的基础与临床应用研究"（第二完成人）项目获教育部科学技术进步奖二等奖。

4月21日，参加第8届上海国际整形美容外科会议。

4月25—28日，参加杭州整形外科医院建院20周年庆典。

5月14—18日，参加卫生部召开的中国医师协会整形美容外科医师分会成立大会。

7月29日，被第三届国际面部整形美容学术研讨会组委会聘为大会名誉主席。

8月，在《中国修复重建外科杂志》上撰文呼吁《重视和开展我国康复医疗事业》。

9月，被《组织工程与重建外科》杂志聘为杂志名誉主编。

9月，与刘宁飞在《淋巴学》（*Lymphology*）上发表《烘绑疗法》。

9月11日，参加由上海市欧美同学会组织的"2020上海发展畅想"院士座谈会。

9月28日，当选新中国成立60周年"上海科技创新杰出贡献人物"。

12月25日，参与完成的"颅颌面骨架修复重建的基础与临床应用研究"获2009年中华医学科技奖二等奖。

入选上海"城市魂·群英谱——纪念上海解放60周年主题展"。

2010年

6月，主编的《临床病例会诊与点评——整形外科分册》出版。

10月28日，被上海交通大学出版社聘为学术顾问。

10月，获中华医学会显微外科学分会颁发的中国显微外科终身成就奖。

11月5日，在北京参加中国医疗整形美容行业监管工作座谈会。

11月15日，在《新民晚报》上撰文《我从抑郁症中走出来》，讲述自己是如何患上抑郁症、又是如何通过自我锻炼摆脱抑郁症的故事。

11月，参加由上海欧美同学会联合瑞金医院共同举办的第5届上海百名留学归国医务专家大型义诊。

11月，获上海交通大学医学院附属第九人民医院庆祝建院90周年"终身成就奖"。

被中国医师协会美容与整形医师分会聘为颅颌面亚专业委员会荣誉顾问，任期三年。

11月21日，与谢立信院士为上海交通大学医学院眼科视觉科学研究所成立揭牌。

2011年

2月20日，在《文汇报》头版发表题为《最关键的是自我创新意识和能力》。

3月12日，在上海华美医疗美容医院看望背部被刺字的12岁河南丐童王西京。

4月9日，在上海交通大学建校115周年获"杰出校友卓越成就奖"。

10月，在北京国家会议中心获中华医学会显微外科学分会颁发的中国显微外科终身成就奖。

附录二　张涤生主要论著目录

[1] T S Chang, W Y Huang. Forearm Flap in One-Stage Reconstruction of the Penis [J]. *Plastic and Reconstructive Surgery*, 1985, 74 (2): 251-157.

[2] T S Chang. Plastic Surgery in the New China [J]. *Annals of Plastic Surgery*, 1985, 15 (4): 276-277.

[3] T S Chang, L Y Han, W Y Hwang. Venous Versus Lymphatic Duct Autotransplantation in the Treatment of Experimental Lymphedema [J]. *Annals of Plastic Surgery*, 1985, 15 (4): 296-302.

[4] T S Chang, W Wang, O L Huang. One-Stage Reconstruction of Esophageal Defect by Free Transfer of Jejunum: Treatment and Complications [J]. *Annals of Plastic Surgery*, 1985, 15 (6): 492-496.

[5] W Y Huang, T S Chang, P Sun, *et al*. Vaginal Reconstruction Using Labia Minora Flaps in Congenital Total Absence [J]. *Annals of Plastic Surgery*, 1985, 15 (6): 534-537.

[6] T S Chang, Y T Jin. Application of Tissue Expansion in the Treatment of Post-Burn Skin Contractures and Aloppecia [J]. *European Journal of*

Plastic Surgery, 1986 (9): 7–12.

[7] L Y Zhou, T S Chang. Correction of Complicated Saddle Nose-Report of 63 Cases [J]. European Journal of Plastic Surgery, 1986 (9): 52–56.

[8] T S Chang, W J Hwang, C Y Xu. Surgical Management of Total Degloving Injuries of the Hand [J]. European Journal of Plastic Surgery, 1987 (10): 47–50.

[9] T S Chang, J L Gan, W Y Huang. Micro-wave: An Alternative to Electric Heating in the Treatment of Chronic Lymphedema of Extremities [J]. Angeiologie Tome Juin-juillet, 1987: 101–105.

[10] T S Chang, W X Guan, W Y Huang. Plastic surgery in ninth people's hospital of shanghai second medical university [J]. Journal of Shanghai Second Medical University, 1988 (1): 100–102.

[11] L Y Zhou, T S Chang. Frontalis Myofascial Flap from Eye brow Region for the Correction of Ptosis of the Upper Eyelid [J]. European Journal of Plastic Surgery, 1988 (11): 73–78.

[12] W Y Huang, T S Chang, K X Cheng, et al. The Application of Free Twin Flaps in One-stage Treatment of Severe Hand Deformity [J]. Annals of Plastic Surgery, 1988, 21 (5): 430–432.

[13] T S Chang, W Wang, W X Guan, et al. The Evolution of the Free Forearm Flap [J]. European Journal of Plastic Surgery, 1989 (12): 87–93.

[14] D Z Wang, T S Chang, L Y Zhou, et al. Reconstructive Treatment of Treacher Collins Syndrome [J]. Journal of Shanghai Second Medical University, 1990, 4 (2): 79–82.

[15] J L Gan, T S Chang, K D Fu, et al. Indirect lymphography with Isovist-300 in various forms of lymphedema [J]. European Journal of Plastic Surgery, 1991 (14): 109–113.

[16] T S Chang, J L Gan, W Y Huang, et al. A Modified Microwave Oven in the Treatment of Chronic Lymphedema of the Extremities [J].

  European Journal of Plastic Surgery，1992（15）：242-246.

[17] J L Gan, T S Chang, W Liu. The Circulatory Pneumatic Apparatus for Lymphedema of the Limb [J]. *European Journal of Plastic Surgery*, 1994 (17): 169-172.

[18] T S Chang, Y L Qian, S C Tang, *et al*. Cleft Sternum and Ecopia Cordis-Case Report and Brief Review [J]. *European Journal of Plastic Surgery*, 1999 (22): 282-285.

[19] 张涤生. 咽后壁组织瓣在腭裂修复中的应用及手术后的语音矫正 [J]. 中华外科杂志，1955，3（3）：183-188.

[20] 沈克非，张涤生. 外科学 [M]. 北京：人民卫生出版社，1956.

[21] 张涤生. 应用游离植皮术来修复尿道下裂 [J]. 中华外科杂志，1956，4（2）：124-126.

[22] 张涤生. 鼻石蜡瘤 [J]. 中华口腔科杂志，1957，5（1）：29-30.

[23] 张涤生. 颞颌关节强直后遗下面部畸形的整复术 [J]. 中华口腔科杂志，1958，6（4）：237-240.

[24] 张涤生. 唇裂与腭裂的整复术 [J]. 上海：上海卫生出版社，上海科学技术出版社，1958.

[25] 张涤生. 冻伤后遗缺损的外科修复 [J]. 中华外科杂志，1963，11（8）：599-603.

[26] 张涤生. 鞍鼻的外科治疗 [J]. 中华口腔科杂志，1964，10（1）：59-62.

[27] 张涤生. 大块皮肤组织瓣游离再植的实验研究 [J]. 中华外科杂志，1965，13（3）：264-267.

[28] 陈中伟，杨东岳，张涤生. 显微外科（第一版）[M]. 上海：上海科学技术出版社，1978.

[29] 张涤生，王炜，孙以鲁，等. 应用显微外科技术进行肠段移植修复食管缺损 [J]. 上海医学，1978（6）：1-4.

[30] 张涤生，刘根娣. 应用显微外科技术及泪道插管法治疗泪小管外伤性断裂 [J]. 上海医学，1978（8）：6-7

[31] 张涤生. 整复外科学 [M]. 上海：上海科学技术出版社，1979.

[32] 张涤生. 应用显微外科技术进行肠段移植再造食管缺损 [J]. 医学研究杂志，1979（1）：6-7.

[33] 张涤生. 应用显微外科技术进行空肠移植修复食管缺损：附7例报告 [J]. 中华外科杂志，1979（3）：154-159.

[34] 张涤生，黄文义，徐春阳. 前尿道延伸术一期修复尿道下裂尿道狭窄或瘘孔 [J]. 上海第二医学院学报，1981（2）：35-37.

[35] 王炜，张涤生. 显微外科技术在整复外科的应用 [J]. 上海第二医学院学报，1982（S1）：57-59.

[36] 张涤生，王德昭，卫莲郡，等. 眶距增宽症的外科治疗 [J]. 中华外科杂志，1983（1）：32-35.

[37] 陈中伟，杨东岳，张涤生. 显微外科（第二版）[M]. 上海：上海科学技术出版社，1985.

[38] 张涤生，朱盛修，王忠诚. 显微修复外科学 [M]. 北京：人民卫生出版社，1985.

[39] 朱洪荫，张涤生，孔繁祜，等. 中国医学百科全书整形外科学 [M]. 上海：上海科学技术出版，1986.

[40] 赵平萍，张涤生，朱昌，等. 腹壁多脂症的整形治疗 [J]. 中华整形烧伤外科杂志，1986，2（3）：169-171.

[41] 王炜，张涤生，程开祥，等. 先天性拇指发育不良的手指拇化治疗 [J]. 中华整形烧伤外科杂志，1986，2（4）：249-251.

[42] 张涤生. 肠段移植食道再造及其特殊并发症的处理 [J]. 中华显微外科杂志，1986，2（4）：193-195.

[43] 张涤生. 金片植入矫治面瘫晚期眼裂闭合不全 [J]. 上海医学，1986，9（6）：315-316.

[44] 张涤生. Au淋巴结扫描在诊断慢性肢体淋巴水肿中的应用 [J]. 上海医学，1986，9（7）：389-391.

[45] 赵平萍，刘伟，张涤生. 重睑成形术方法的改进 [J]. 上海医学，1986，9（9）：506-508.

[46] 裘法祖，张涤生，吴在德. 中国医学百科全书外科学基础［M］. 上海：上海科学技术出版社，1987.

[47] 王德昭，张涤生，丁祖鑫，等. 前臂游离皮瓣在全鼻再造一期手术的应用［J］. 修复重建外科杂志，1987，1（1）：16-17.

[48] 王德昭，张涤生，周丽云. Treacher-collins 综合征的整复治疗［J］. 中华整形烧伤外科杂志，1987，3（4）：244-246.

[49] 王炜，张涤生. 巨大乳房或乳房下垂的三瓣整形法［J］. 上海医学，1987，10（4）：208-211.

[50] 张涤生. 介绍应用显微外科技术的空肠带蒂移植代食管［J］. 实用外科杂志，1987，7（10）：549-551.

[51] 张涤生，王炜，关文祥. 前臂皮瓣的进展［J］. 修复重建外科杂志，1988，2（1）：2-4.

[52] 张涤生. 间接荧光抗体试验对肢体慢性淋巴水肿的辅助诊断价值［J］. 中华病理学杂志，1988（6）：344-345.

[53] 丁祖鑫，张涤生. 应用带血管的跖趾关节移植治疗颞颌关节强直［J］. 医学研究通讯，1988，15（8）：250-251.

[54] 张涤生. 晚期丝虫病的治疗：慢性肢体淋巴水肿的治疗进展［J］. 中国寄生虫学与寄生虫病杂志，1988，6（4）：304-305.

[55] 汪良能，高学书，张涤生，等. 整形外科学［M］. 北京：人民卫生出版社，1989.

[56] 朱昕，张涤生，王炜. 激光多普勒血流仪在显微外科的应用［J］. 中华显微外科杂志，1989，12（1）：54-55.

[57] 周苏，张涤生，黄文义. 静脉皮瓣的研究进展［J］. 中华显微外科杂志，1989，12（2）：103-106.

[58] 王炜，张涤生，杨川，等. 跨面吻合血管神经的背阔肌移植一期治疗面神经瘫痪［J］. 中华显微外科杂志，1989，12（3）：155-158.

[59] 张涤生，王德昭，丁祖鑫，等. 鼻缺损及整复手术［J］. 中华耳鼻咽喉科杂志，1989，24（5）：308-309.

[60] 王恩远，张涤生，王德昭，等. 鞍鼻充填成型硅橡胶的并发症及防

治［J］. 中华耳鼻咽喉科杂志，1989，24（6）：337-338.

［61］张涤生. 实用美容外科学［M］. 上海：上海科学技术出版社，1990.

［62］傅凯丁，张涤生，干季良，等. 静脉移植治疗实验性肢体淋巴水肿［J］. 中华显微外科杂志，1990，13（2）：81-82.

［63］干季良，张涤生，傅凯丁，等. 间接淋巴管造影术在肢体淋巴水肿诊断中的应用：20例临床分析［J］. 中华外科杂志，1990，28（6）：362-364.

［64］周苏，张涤生，黄文义，等. 纤维蛋白黏合剂吻合周围神经的实验研究［J］. 中华外科杂志，1990，28（11）：689-692.

［65］曹谊林，张涤生，王德昭，等. 吻合血管神经的游离胸小肌移植治疗晚期面瘫［J］. 中华整形烧伤外科杂志，1990，6（3）：182-184.

［66］张涤生. 苯吡喃酮类药物治疗肢体慢性淋巴水肿的疗效观察［J］. 中华医学杂志，1990，70（11）：655-656.

［67］张涤生. 突发性聋与铁代谢障碍关系的临床观察［J］. 中华医学杂志，1990，70（11）655-656.

［68］干季良，张涤生，傅凯丁. 显微淋巴外科在肢体慢性淋巴水肿中的应用［J］. 修复重建外科杂志，1990，4（1）：53-55.

［69］刘伟，张涤生，黄文义，等. 烘绑治疗后水肿淋巴循环的改变［J］. 修复重建外科杂志，1990，4（2）：86-88.

［70］张涤生. 改良型大功率微波机在肢体慢性淋巴水肿治疗中的应用［J］. 修复重建外科杂志，1991，5（2）：99-101.

［71］丁祖鑫，张涤生，周丽云，等. 应用耳后游离皮瓣修复鼻尖和部分鼻翼鼻小柱缺损［J］. 修复重建外科杂志，1991，5（4）：215-216.

［72］张涤生，黄文义. 应用前臂皮瓣一期再造阴茎随机分析［J］. 中华显微外科杂志，1991，14（3）：181.

［73］丁力，张涤生，黄文义. 预制带静脉蒂神经游离移植实验研究［J］. 中华显微外科杂志，1991，14（4）：214-216.

［74］朱昌，张涤生，关文祥. 腭裂手术对面部发育影响的探讨［J］. 中华整形烧伤外科杂志，1991，7（4）：241-244.

[75] 张涤生. 应用组织扩张器促使肿瘤退变: 乳腺癌13762白鼠实验研究[J]. 修复重建外科杂志, 1991, 5 (3): 184.

[76] 穆雄铮, 冯胜之, 张涤生. 用LeFort III型截骨术治疗Crouzo综合症[J]. 口腔颌面外科杂志, 1992, 2 (1): 5-8.

[77] 张涤生. 组织扩张器实验研究新进展[J]. 国外医学（创伤与外科基本问题分册）, 1992, 13 (1): 11-14.

[78] 张涤生, 冯胜之, 穆雄铮, 等. 眶距增宽症的手术治疗[J]. 中华外科杂志, 1992, 30 (4): 222-225.

[79] 王炜, 张涤生. 论扩大足趾游离移植及其成功关键[J]. 中国修复重建外科杂志, 1993, 7 (2): 65-69.

[80] 干季良, 张涤生, 刘伟. 应用循环式肢体压力机治疗慢性淋巴水肿[J]. 中国修复重建外科杂志, 1993, 7 (4): 201-203.

[81] 干季良, 张涤生, 刘伟. 非离子型造影剂在间接淋巴管造影中的临床应用[J]. 中国修复重建外科杂志, 1994, 8 (1): 36-37.

[82] 张波, 张涤生. "克炎肿"对减轻面部美容手术后水肿的临床研究[J]. 实用美容整形外科杂志, 1994, 5 (4): 181-182.

[83] 张涤生. 张涤生教授论文选集: 八十华诞暨从医五十五周年纪念[M]. 上海: 上海第二医科大学附属第九人民医院, 1995.

[84] 张涤生, 辛时林, 易传勋, 等. 整形外科手术图谱[M]. 武汉: 湖北科学技术出版社, 1995.

[85] 张涤生, 冷永成. 整形手术外科图解[M]. 南京: 江苏科学技术出版社, 1995.

[86] 张余光, 张涤生, 王炜. 皮肤衰老的病理及分子生物学研究进展[J]. 中华整形烧伤外科杂志, 1995, 11 (2): 151-153.

[87] 张余光, 王炜, 张涤生. 皮肤衰老与延缓皮肤衰老方法的研究进展[J]. 实用美容整形外科杂志, 1995, 6 (2): 75-80.

[88] 熊舒原, 张涤生. 局部扩血管药对增强皮瓣成活及超微结构观察[J]. 中华实验外科杂志, 1995, 12 (2): 93-94.

[89] 范志宏, 张涤生, 关文祥, 等. 皮肤软组织快速扩张的实验研究

[J]．中华整形烧伤外科杂志，1995，11（5）：375-378．

[90] 冯胜之，张涤生，穆雄铮，等．先天性颅缝早闭症的治疗[J]．中华整形烧伤外科杂志，1995，11（6）：406-411．

[91] 朱昌，张涤生，张波，等．隆乳术后外固定的改进法[J]．实用美容整形外科杂志，1996，7（4）：223．

[92] 穆雄铮，张涤生，冯胜之，等．儿童Le Fort Ⅲ型截骨后的颅面骨发育轨迹[J]．中华整形烧伤外科杂志，1996，12（5）：391-393．

[93] 张涤生．颅面外科学[M]．上海：上海科学技术出版社，1997．

[94] 张涤生．组织工程学简介[M]．上海：上海第二医科大学附属第九人民医院，1997．

[95] 邹丽剑，张涤生．种植体在颅颌面修复重建中的应用[J]．中国修复重建外科杂志，1997，11（4）：193-195．

[96] 张余光，张涤生，王炜，等．衰老皮肤结构重塑术的实验研究和临床应用[J]．中华整形烧伤外科杂志，1997，13（5）：338-340．

[97] 邹丽剑，张涤生，王炜，等．纯钛种植体——骨界面的飞行时间二次离子质谱分析[J]．中国修复重建外科杂志，1997，11（6）：372-375．

[98] 邹丽剑，张涤生，王炜，等．不同纯度纯钛的生物学性能研究[J]，中华整形烧伤外科杂志，1997，13（6）：410-413．

[99] 张余光，张涤生，李志海，等．衰老真皮成纤维细胞胶原基因调控研究[J]．中华医学美容杂志，1998，4（1）：20-22．

[100] 邹丽剑，张涤生，王炜，等．胎儿骨基质对纯钛种植体——骨结合的作用研究[J]．中国修复重建外科杂志．1998，12（3）：184-188．

[101] 邹丽剑，张涤生，王炜．整形外科常用生物材料的特性、应用现状与展望[J]．中华整形烧伤外科杂志，1998，14（4）：303-305．

[102] 商庆新，张涤生，关文祥，等．丹参和川芎嗪对瘢痕成纤维细胞生长的体外抑制实验[J]．中国修复重建外科杂志，1998，12（6）：321-324．

[103] 商庆新，张涤生，关文祥，等．丹参和川芎嗪对瘢痕成纤维细胞DNA含量及细胞周期进程的影响[J]．中国修复重建外科杂志，

1998，12（6）：325-328.

[104] 陈勇，干季良，张涤生. 微波治疗对慢性肢体淋巴水肿患者血清和组织液 IL-1 及 IL-2 的影响 [J]. 上海免疫学杂志，1999，19（1）：53.

[105] 杨斌，张涤生，冯胜之. 颅面外科计算机辅助手术系统技术进展及应用 [J]. 中华整形烧伤外科杂志，1999，15（2）：148-150.

[106] 李圣利，干季良，张涤生. 微波治疗对慢性肢体淋巴水肿组织形态学的影响 [J]. 中华物理医学与康复杂志，1999，21（3）：168-169.

[107] 曹卫刚，张涤生，干季良. 微波烘疗对原发性淋巴水肿免疫细胞的影响 [J]. 中华整形烧伤外科杂志，1999，15（5）：357-359.

[108] 赵平萍，李青峰，张涤生. 神经再生趋化性的研究进展 [J]. 实用美容整形外科杂志，1999，10（5）：264-266.

[109] 朱洪荫，张涤生. 整形外科手术失误及处理 [M]. 昆明：云南科技出版社，2000.

[110] 范先群，张涤生，龙公，等. 正常眼眶计算机三维测量方法的建立 [J]. 临床眼科杂志，2000，8（1）：4-6.

[111] 曹卫刚，张涤生，干季良. 微波烘疗调节肢体慢性淋巴水肿免疫的研究 [J]. 中国修复重建外科杂志，2000，14（2）：105-109.

[112] 范先群，张涤生，韦敏，等. 眼眶骨折眼球内陷的动物模型建立及发生机制研究 [J]. 眼科研究，2000，18（3）：201-203.

[113] 李圣利，张涤生，干季良. 微波对慢性肢体淋巴水肿组织巨噬细胞胞嘧啶单核苷酸酶的影响 [J]. 中华理疗杂志，2000，23（3）：166-167.

[114] 范先群，张涤生，韦敏，等. 眼眶骨折眼球内陷功能性复位的实验研究 [J]. 眼科研究，2000，18（4）：325-328.

[115] 李圣利，张涤生. 肢体淋巴水肿微波烘疗对淋巴回流的影响 [J]. 上海第二医科大学学报，2000，20（6）：531-532.

[116] 李青峰，张涤生，关文祥，等. 严重电击伤受损神经的体感诱发电

位检测与病理分类[J]. 中国修复重建外科杂志, 2000, 14 (6): 332-335.

[117] 曹卫刚, 张涤生, 干季良. 微波调节肢体慢性淋巴水肿纤维化机理的研究[J]. 中华整形外科杂志, 2000, 16 (6): 354-356.

[118] 杨斌, 张涤生, 黄洪章, 等. 颅面外科三维诊断分析和手术设计系统的建立[J]. 口腔颌面外科杂志, 2000, 10 (4): 288-291.

[119] 陈勇, 张涤生, 冯胜之, 等. 胰岛素样生长因子 I mRNA 和颅缝闭合的相关研究[J]. 上海第二医科大学学报, 2001, 21 (1): 28-30.

[120] 杨斌, 张涤生, 黄洪章, 等. 颅面外科三维诊断分析和手术设计系统的临床应用研究[J]. 中华整形外科杂志, 2001, 17 (2): 80-83.

[121] 邹丽剑, 张涤生, 王炜, 等. 国产纯钛种植体-骨界面的离子扩散研究[J]. 中华整形外科杂志, 2001, 17 (4): 236-238.

[122] 范先群, 张涤生, 冯胜之, 等. 眼眶爆裂性骨折眼球内陷的晚期整复治疗[J]. 中华眼科杂志, 2002, 38 (11): 644-647.

[123] 张涤生. 张涤生整复外科学[M]. 上海: 上海科学技术出版社, 2002.

[124] 陈勇, 张涤生, 陶佩玉, 等. 胰岛素生长因子1在颅缝闭合中调节作用的实验研究[J]. 中华整形外科杂志, 2003, 19 (1): 11-14.

[125] 张涤生, 李青峰. 严重烧伤患者视力的挽救[J]. 中华整形外科杂志, 2003, 19 (3): 229-231.

[126] 孙沣, 张涤生, 曹卫刚, 等. 静脉-淋巴管-脂肪筋膜瓣移植治疗阻塞性淋巴水肿的实验研究[J]. 中华显微外科杂志, 2003, 26 (3): 201-203.

[127] 张涤生. 张院士趣谈整形与美容[M]. 北京: 人民军医出版, 2004.

[128] 张涤生, 干季良, 黄文义, 等. 烘绑疗法治疗肢体慢性淋巴水肿[J]. 医学研究通讯, 2004, 33 (10): 56-59.

[129] 穆雄铮, 张涤生. 颅眶部复杂畸形的手术治疗 [J]. 整形再造外科杂志, 2004, 1 (3): 129-143.

[130] 张涤生. 手部皮肤撕脱伤急诊治疗 [J]. 中国修复重建外科杂志, 2005, 19 (11): 923-924.

[131] 张涤生. 肢体淋巴水肿的诊断和治疗 [J]. 组织工程与重建外科, 2006, 2 (5): 241-244.

[132] 李青峰, 张涤生. 异体脸面移植研究的现状与问题 [J]. 中华整形外科杂志, 2006, 22 (4): 245-247.

[133] 李圣利, 张涤生. 鼻骨畸形的临床分类和整形治疗 [J]. 中华医学美学美容杂志, 2006, 12 (3): 131-134.

[134] 李青峰, 张涤生. 重视同种异体体表器官移植的指征问题 [J]. 中华外科杂志, 2006, 44 (15): 1009-1010.

[135] 张涤生, 穆雄铮. 从颅面外科到颅颌面外科 [J]. 中华整形外科杂志, 2006, 22 (6): 405-408.

[136] 胡鸿泰, 张涤生. 手指皮瓣分类和急诊修复 [J]. 中国修复重建外科杂志, 2006, 20 (12): 1196-1198.

[137] 王善良, 张涤生, 冯胜之. 颅面部周围型神经纤维瘤切除后修复重建 [J]. 中国修复重建外科杂志, 2007, 21 (12): 1388-1389.

[138] 张涤生. 张涤生院士学术评述集 [M]. 上海: 上海交通大学出版社, 2007.

[139] 张涤生. 实用淋巴医学 [M]. 北京: 人民军医出版社, 2007.

[140] 张涤生. 新编唇腭裂整复术 [M]. 山东: 山东科学技术出版社, 2008.

[141] 张涤生. 临床病例会诊与点评——整形外科分册 [M]. 北京: 人民军医出版社, 2010.

[142] 张涤生. 整复外科基础与临床 [M]. 上海: 上海交通大学出版社, 2011.

[143] 张涤生. 创新与求索——我的整复外科生涯 [M]. 上海: 上海科学技术出版社, 2011.

附录三　张涤生遗体捐赠志愿书

1986年，张涤生在他70岁生日的庆祝会上，发言"继续工作十年"，到了2006年，两个十年都过去了，他依然健康如昔，精神矍铄，照常上班工作。2007年，他再度誓言继续工作若干年，要目睹奥运会在北京召开，更要亲临参观世博会，继续工作，著书立说，培养弟子，诊治病人，踏步前进。

张涤生无疑是一个积极乐观的人，但人生总会有其终点，这是大自然的规律，没有人能够违背。作为医学家的张涤生比任何人都清楚这一点，2006年6月12日，在他90岁生日的那天，他写下了自己的《遗体捐赠志愿书》。

  我今年90足岁，已迈入暮年时期。流水东去，岁月无情，虽目前健康尤佳，胸有壮志，但毕竟血肉之躯，难抗拒自然规律的约束。在此走向百岁生命途中，难免疾病、事故突然来袭，生命终止，故此早立下遗体捐献志愿书，以免失去机会，留下遗憾。
  现述下列数项明志，以期离去后得以实现，以慰平生。
  一、捐献仍可应用的本人的组织及脏器以造福病友，如角膜、皮肤、骨骼等组织以及仍存良好功能的脏器，以挽救延长病人的生命，此点还得请专家及早诊断给予决定。

二、遗体可进行病理解剖。我患颈椎病多年，腰椎病变，椎管狭窄，骨质增生，但近年来又逐渐趋向康复，症状趋向平稳，相信病理解剖可以观察到这种病变的病理过程。我在1998年曾接受过左下肺部癌肿切除手术，也可观察一番术后病变情况。

三、如体内某些器官可制成标本以利教学之需，亦可摘除进行制备。

四、所有体躯遗剩骨肉可以火化，将所存骨灰分为二份，一份归还于我的故乡无锡，和我妻子张筱芳的骨灰同葬于父母及大弟张养生身伴，以慰父母、大弟之灵；另一份则留在我服务、发展、创业、培养下一代的第二故乡——上海，觅一寸金之土，长眠地下，以慰平生。

当然，这一条实际上是留给我亲爱的女儿和儿子们的，不劳领导和他人费心！

在此奔向建设和发展社会主义和谐、强盛、幸福的新时代之际，特此早日陈述捐献遗体的志愿书，以明心志。

张涤生　谨笺
2006年6月12日

参考文献

[1] ABMAC. Medical notes and news [J]. The Chinese medical Journal, 1948, 66 (9): 521.

[2] Bowers JZ. Western Medicine in a Chinese Palace: Peking Union Medical College, 1917-1951 [M]. New York: The Josiah Macy, Jr. Foundation, 1972.

[3] Humphreys Ⅱ GH. Presentation of the Academy plaque to Jerome P. Webster, M. D [J]. Bull N Y Acad Med, 1973, 49 (11): 954-956.

[4] Paolo Santoni-Rugiu, Philip J S. A History of Plastic Surgery [M]. Berlin Heidelberg: Springer, 2006.

[5] Webster JP. Aseptic end-to-end intestinal anastomosis [J]. Ann Surg, 1925, 81 (3): 646-649.

[6] 艾玉峰,柳大烈. 美容外科学 [M]. 北京: 科学出版社, 2000.

[7] 本书编纂委员会. 上海第二医科大学纪事（1952—2005）[M]. 上海: 上海交通大学出版社, 2006.

[8] 陈明斋. 外科学简史 [M]. 上海: 上海科学技术出版社, 2001.

[9] 陈祖亮. 为了"梦圆"祖国——记中华医学会整形外科学分会主任委员曹谊林教授 [J]. 中华医学信息导报, 2005, 20 (12): 6.

[10] 董光璧. 中国近现代科学技术史 [M]. 长沙: 湖南教育出版社, 1997.

[11] 孙德建. 杭州国际淋巴学研讨会［J］. 国际医学寄生虫病杂志，1987（5）：240.

[12] 孔繁祜，牛星焘. 北医三院成形外科 60 周年［M］. 北京：北京大学医学出版社，2009.

[13] 孔繁祜. 我国整形外科溯源及其早年发展概况［J］. 中华医史杂志，2000，30（3）：138-141.

[14] 郭恩覃. 现代整形外科学［M］. 北京：人民军医出版社，2000.

[15] 胡俊，甄橙，李东. 韦伯斯特与中国整形外科的孕育［J］. 中华整形外科杂志，2011，27（3）：234-238.

[16] 胡俊，甄橙. 大跃进期间抢救钢铁工人邱财康——张涤生访谈［J］. 中国科技史杂志，2011，32（2）：222-230.

[17] 江苏省地方志编纂委员会. 江苏省地方志（第1—4期）［M］. 江苏：江苏地方志编辑部，1995.

[18] 刘似锦. 刘瑞恒博士与中国医药及卫生事业［M］. 台北：台湾商务印书馆，1989.

[19] 陆明. 上海近代西医医院概述［J］. 中华医史杂志，1996，26（1）：19-26.

[20] 四川省地方志编纂委员会. 四川省志：科学技术志（下册）［M］. 成都：四川科学技术出版社，1998.

[21] 宋儒耀. 我国整形外科发展的历史回顾［J］. 中华整形烧伤外科杂志，1987（4）：242.

[22] 上海第二医科大学附属第九人民医院整复外科. 著名整复外科专家张涤生教授［J］. 中华外科杂志，2002，40（7）：550.

[23] 商庆新，曹谊林，张涤生. 生物工程领域的崭新前沿——组织工程［J］. 现代康复，2001，5（6）：7.

[24] 孙继恩，华积德. 烧伤性瘢痕挛缩畸形［J］. 人民军医，1954，4（5）：307-315.

[25] 钱江. 柯庆施：值得研究的历史人物［J］. 党史博览，2009（9）：27-30.

[26]《钱之光传》编写组. 钱之光传［M］. 北京：中共党史出版社，2011.

[27] 裘法祖，张涤生. 中国医学百科全书——外科学基础［M］. 上海：上海科学技术出版社，1992.

[28] 王一飞. 上海第二医科大学志［M］. 上海：华东理工大学出版社，1997.

[29] 王炜. 中国整形美容外科的历史与发展 [J]. 中华医学美学美容杂志, 2007, 13（1）: 50-52.

[30] 薛庆煜. 记中国红十字会救护总队与战时卫生人员训练所 [J]. 中国科技史料, 1999, 20（20）: 160-175.

[31] 张旦昕. 张涤生教授受聘为第十届国际显微外科学会执行主席 [J]. 中华整形烧伤外科杂志, 1986（4）: 293.

[32] 张涤生. 创新与求索——我的整复外科生涯 [M]. 上海: 上海科学技术出版社, 2011.

[33] 张涤生. 张涤生院士学术述评集 [M]. 上海: 上海交通大学出版社, 2007.

[34] 张涤生. 组织工程学简介（内部印刷）[M]. 上海: 上海第二医科大学附属第九人民医院文印中心, 1997.

[35] 张涤生, 王文虎, 方孟梅. 神在形外: 张涤生传 [M]. 上海: 上海交通大学出版社, 2006.

[36] 张涤生. 继往开来, 积极进取, 持续推进我国整形外科的发展 [J]. 第二军医大学学报, 2005, 26（1）: 1.

[37] 张涤生. 整形外科回眸百年及新世纪展望 [J]. 中华外科杂志, 2002, 40（7）: 485-486.

[38] 张涤生, 冯胜之, 穆雄铮等. 颅面外科17年回顾与展望 [J]. 中华整形烧伤外科杂志, 1994, 10（6）: 428-432.

[39] 张涤生, 黄文义, 韩良愉. 静脉和淋巴管移植重建淋巴通路的实验研究 [J]. 中华外科杂志, 1984, 22（11）: 666-668.

[40] 张文杰, 周广东, 曹谊林. 中国组织工程学研究现状与未来 [J]. 组织工程与重建外科杂志, 2005, 1（1）: 185-188.

[41] 政协北京市委员会文史资料研究委员会. 话说老协和 [M]. 北京: 中国文史出版社, 1987.

[42] 钟德才. 整形外科的发展与战伤处理 [J]. 人民军医, 1997, 40（2）: 86-87.

[43] 钟法权. 那一年, 这一生——汪良能传 [M]. 北京: 解放军出版社, 2007.

[44] 中国人民解放军总后勤部卫生部. 抗美援朝卫生工作总结: 卫生勤务 [M]. 北京: 人民军医出版社, 1988.

[45] 中共上海第二医学院委员会宣传部. 一面共产主义红旗——记上海第二医学

院附属广慈医院抢救钢铁工人邱财康的事迹［M］. 上海：上海人民出版社，1958.

［46］周广东，崔磊，刘伟，等. 软骨组织工程的历史、现状与未来［J］. 整形再造外科杂志，2004，1（1）：52-56.

［47］庄洪兴，李式瀛. 整形与美容［M］. 北京：科学普及出版社，1987.

后 记
慈祥的老院士

　　第一次采访张涤生院士是在 2010 年 6 月 1 日，当时中国科学技术协会尚未开展"老科学家学术资料采集工程"的项目，我派胡俊去上海采访张院士，完全是因为胡俊的硕士论文研究的是中国整形外科学的建立。所有采访过的整形外科医生都告诉我们宋儒耀、汪良能、朱洪荫和张涤生是中国整形外科学界公认的四大创始人，前三位先生已经去世，张院士还健在且每天上班，要想写好论文必须要去采访他，所以，采访张院士成为胡俊完成论文必不可少的一个步骤。

　　我们非常重视这次采访。前往上海前，张院士的学生、上海九院的穆雄铮教授已经提前帮我们联系好了张院士秘书，约定采访时间一个半小时，从上午九点到十点半。此前我已经要求胡俊做好了充分的准备工作，对张院士的经历有了充分的了解，也列出了十几个我们感兴趣的问题，主要跟中国早期整形外科技术的师承关系有关。对张院士的经历了解越多，给我们的压力也越大，张院士参加过抗日战争、滇缅抗战和抗美援朝，可以说他在四位创始人中是人生经历最为丰富的一个，张院士一生中也获得过无数的荣誉，这一切都是我们所望尘莫及的，所以我要求胡俊做了详细的采访纪录。以下是胡俊的记述：

我到现在还清楚地记得第一次去上海采访张院士前忐忑不安的心情。6月1日，一大早我就起来赶往九院，大约八点半我就到了院士的办公室门口，后来才得知张院士每天八点半准时到办公室。办公室并没有关门，我向里望去，一位老人正坐在那里安静地看材料。我平复了一下忐忑不安的心情，壮起胆子，敲了敲门，说张院士您好，我是来自北大医学史研究中心的硕士胡俊，想采访您，采访的问题已经穆雄铮教授给您了。张院士看了看我，忙说请进请进。来到张院士的办公桌旁，我才发现原来张院士正在看我的采访稿。

张院士开门见山地说他看了我感兴趣的问题，下面一一回答我。随着跟张院士的一问一答，我很快进入了状态，也没有了刚开始的紧张。因为很多事情都相隔很久，采访过程中，张院士会不时地拿出各种资料来证明自己的回忆是真实的。最后，我问起了他在抗美援朝期间，在长春建立战伤治疗中心的事情，张院士显得很兴奋，讲述完中心的筹备和成立过程，他还起身去书柜拿一些资料给我看。张院士拿出一张发黄的旧照片，说你看这是我们志愿手术队在鸭绿江边的合影，这是眼科的教授，这是普外科的教授等。我当时立刻意识到了照片的珍贵性，作为医学史专业的学生，我不能让这样一段历史继续尘封下去。我马上跟张院士说，照片能借我翻拍一下吗？张院士同意了。我把照片拿到办公室中间的方桌上，准备翻拍。因为是旧照片，两个对着的边角都翘了起来，如果要清楚地翻拍照片，我必须用双手将边角压住，可是我还得一手拿着相机照相。就在我为难之际，张院士从办公桌后边颤颤巍巍地走了过来，我当时并不知道他要做什么。张院士一句话也没有说，微微地弯下腰，用双手把照片的边角压住，然后示意我拍照。张院士的这一举动让我震惊又让我感动，一方面是他的平易近人，一位资深院士可以为了一个普通的学生翻拍好照片而弯下腰去，另一方面是他的细心，一般人不会观察这么细致。我呆站了有好几秒钟才回过神来，拍下了照片。

后来到了2010年的7月，在张院士的支持下，我们获得了科协项目的支持。有过几次联系后，我跟张院士也逐渐熟悉起来了，他记住了我的名字,亲切地叫我小胡。第二次采访张院士,根据科协的要求,我们请了一位摄影师,拍摄采访的全过程。得知有录像,张院士特意穿上了衬衣,打好了领带。为了采光的需要,摄影师将张院士的桌子调转过来,这样张院士的椅子正好放在了饮水机旁边。录影前,正当我和摄影师商量拍摄要求的时候,张院士拿出了两个纸杯,非常自然地倒了一杯水递给了摄影师,然后又倒了一杯水递给了我。我又一次被感动了。以后,从他秘书的口中,我们得知张院士就是这样一个平易近人、和蔼可亲并且细心的医生。

曹秘书在采访过程中曾给我们讲过这样一个故事:

张院士现在是不出门诊的。因为我们这边会有很多病人经过,他们看到院士办公室的牌子会跑进来,就是想问问院士他的病情怎么样,或者他小孩的病情怎么样。张院士会和蔼可亲地接待病人,不厌其烦地回答病人的提问,帮助每一个病人解决他的问题。最近有一个特殊的病人,得了罕见的疾病。他同时患有两种疾病,血管瘤和淋巴水肿,血管瘤正好长在腰椎上导致高位截瘫。由于是不治之症,各科的医生都是爱莫能助,回绝了他。有一天,他坐着轮椅被推到了张老师的办公室,张老师很仔细地询问了他的病史情况,接着简单地进行触诊,回答病人的疑问。但是张老师也没有很好的办法治疗,(所以)也只是安慰和鼓励病人,病人也很感动。走的时候张老师留了患者的电话。过了几天,我以为张老师早就把这件事情淡忘了,因为这个病本来就是不治之症,也没有什么好的方法。但没想到,一周不到,张老师就让我给病人打个电话,让他来一趟。因为这个病人是需要脱掉衣裤检查的。没想到张老师非常细心,在一个小时之前,张老师就说,小曹,你快点把空调打开,一会儿病人来了会冷的。我当时就非常感动,觉得九十几岁高龄的院士、整形外科的泰斗能想得这么仔细。我从内心深处崇敬张老师。他帮这个病人也解决一些痛苦,但是因为不能根治,这个病人后来经常来找张老师。张老师都是很有耐心的，重复着安慰病人的话，病人也很感动。

通过采访张院士，让我们想起了古人所说的沉甸甸的麦穗的头是低下去的，中空的麦穗才会高昂着头。张院士就是这样一个无论在行医还是做人方面值得后辈学习的人，他的谦虚，他的细心，他的不居功自傲，不盛气凌人，是老一辈医生留给我们的精神财富，是不朽的，是值得永远纪念的。

老科学家学术成长资料采集工程丛书
已出版（50种）

《卷舒开合任天真：何泽慧传》　　　　《此生情怀寄树草：张宏达传》
《从红壤到黄土：朱显谟传》　　　　　《梦里麦田是金黄：庄巧生传》
《山水人生：陈梦熊传》　　　　　　　《大音希声：应崇福传》
《做一辈子研究生：林为干传》　　　　《寻找地层深处的光：田在艺传》
《剑指苍穹：陈士橹传》　　　　　　　《举重若重：徐光宪传》

《情系山河：张光斗传》　　　　　　　《魂牵心系原子梦：钱三强传》
《金霉素·牛棚·生物固氮：沈善炯传》《往事皆烟：朱尊权传》
《胸怀大气：陶诗言传》　　　　　　　《智者乐水：林秉南传》
《本然化成：谢毓元传》　　　　　　　《远望情怀：许学彦传》
《一个共产党员的数学人生：谷超豪传》《没有盲区的天空：王越传》

《含章可贞：秦含章传》　　　　　　　《行有则　知无涯：罗沛霖传》
《精业济群：彭司勋传》　　　　　　　《为了孩子的明天：张金哲传》
《肝胆相照：吴孟超传》　　　　　　　《梦想成真：张树政传》
《新青胜蓝惟所盼：陆婉珍传》　　　　《情系梁菽：卢良恕传》
《核动力道路上的垦荒牛：彭士禄传》　《笺草释木六十年：王文采传》

《探赜索隐　止于至善：蔡启瑞传》　　《妙手生花：张涤生传》
《碧空丹心：李敏华传》　　　　　　　《硅芯筑梦：王守武传》
《仁术宏愿：盛志勇传》　　　　　　　《云卷云舒：黄士松传》
《踏遍青山矿业新：裴荣富传》　　　　《让核技术接地气：陈子元传》
《求索军事医学之路：程天民传》　　　《论文写在大地上：徐锦堂传》

《一心向学：陈清如传》　　　　　　　《钤记：张兴钤传》
《许身为国最难忘：陈能宽》　　　　　《寻找沃土：赵其国传》
《钢锁苍龙　霸贯九州：方秦汉传》　　《虚怀若谷：黄维垣传》
《一丝一世界：郁铭芳传》　　　　　　《乐在图书山水间：常印佛传》
《宏才大略：严东生传》　　　　　　　《碧水丹心：刘建康传》